マイダン革命は なぜ起こったか

—ロシアとＥＵのはざまで—

岡部芳彦

目次

ウクライナ・ブックレット3

1章　ウクライナに出合い、はまる

15回のウクライナ訪問を通じて

フランスの文豪バルザックがウクライナに住んでいたのはあまり知られていない。そこに住むポーランドの伯爵夫人と結婚し移り住んだ。彼もまたウクライナにはまった一人である。著者も同じくウクライナにはまった。ドネツクで開催された「日本ウクライナ地域経済・文化フォーラム」の共同主催者となり、また神戸学院大学経済学部とウクライナ国立農業科学アカデミー・アグロエコロジー・環境マネジメント研究所が学術協定を結んだこともあり、多い年で4回ほど訪問するようになった。ウクライナは、距離こそ遠いが、ロシアを挟んで日本の「隣の隣の国」でもある。ロシア革命の後には、極東に「緑ウクライナ」と呼ばれる独立国家が2年ほど存在し、一時は隣国でもあった。そう考えれば近い存在の国である。

オレスト・フルディチコ・ウクライナ国立農業科学アカデミー・アグロエコロジー・環境マネジメント研究所所長（左）と(2013年、キエフ)

本書は、15回を数えるウクライナ訪問を通じて見たこと、聞いたことをつづった「私的ウクライナ論」である。もし表題から国際政治や国際関係学をイメージして本書を手に取ったのであれば、不満足な内容で独断と偏見に満ちているかもしれない。ただ、2014年に始まるウクライナ危機以降、様々な評者がウクライナを論じたが、表面的なものが多かった。現地の政治エリートと直接交流がある者はほぼなく、ウクライナの国内事情やそこに住む人々がどのように感じているかの論評は非常に少なかった。その意味では、一外国人が現地で素直に感じたことを記すのは意義深いのではないかと考えている。著者は、ウクライナの学界、政界、政府機関、市民団体などと接することが多く、東ウクライナから西ウクライナまでの様々な人々と交流してきた。その経験を通じ、大局的な視点が見過ごした些細な出来事を見逃さないことで、大きな歴史的事件を捉え直すのも本書の意図である。

移り変わるメンタリティー

著者が最初にドネツクに着いたときはユシチェンコ政権だった。そしてヤヌコーヴィチ政権、マイダン政権、ポロシェンコ政権とオレンジ革命以後のすべての政権下のウクライナを訪れ、現地の声を聞いてきた。彼らの移り変わるメンタリティーから、なぜマイダン革命が起きたのかを再検討したい。そして、ユーロ・マイダンが始まって2周年を迎えた現地を訪れた感想から今後のウクライナの道筋について考えたい。

１９９2年年初、高校生だった著者はソ連崩壊後のこの地域がどのようなものか好奇心からウクライナ、ロシアを旅していた。それから15年が経ち、再びウクライナの地を踏んだのが東ウクライナのドネツクである。１９９7年にモスクワ大学に留学した自分にとって、ロシア語が飛び交うこの地は過ごしやすかった。一方、ドネツクの人々がロシアにシンパシーは持っているものの、独立後15年あまりの間にウクライナ・アイデンティティーが醸成されてきているのも肌で感じた。

ウクライナ危機においても、東ウクライナ全体の民意がロシア寄りではないことにいち早く気づき、ロシアへの編入を望んでいるかのように報じ続けたロシア側のプロパガンダに感化されることもなかった。それは、危険を顧みず毎日のように実状を話してくれたドネツクの友人たちのおかげである。そんな彼らに感謝と敬意を込めて、まずは、ドネツクでの出会いから話を始めたい。

2章　ドネックでコサックに出会う

ウクライナ・コサックの少将に任命される

２００７年の暮れ、見慣れぬ封筒が自宅に届いた。恐る恐る開封してみるとヘーチマン令第２８５号と題された文書には、次のように書かれていた。「日本国民岡部芳彦をウクライナ登録コサックの大佐に任命する」。

新手の、しかも国際的な送り付け詐欺商法かと思ったが心当たりがないわけではなかった。６月にＮＨＫで放映された「新シルクロード　激動の大地をゆく」の第４集で、ロシア南部のコサック団体を取り上げていた。その独特なダンスで知られるコサックは、もともと民族でも国家でもなくウクライナ周辺の軍事共同体であり、ロシア帝国との激闘の後にロシア皇帝に仕えた。日露戦争にも参加するなどロシア帝国の軍事力の中核となったが、ソ連成立とともに徹底的に迫害を受けたが、ソ連邦崩壊後は息を吹き返し、コサックを名乗る多数の団体が設立された。ロシアでは、政府の支援の下、カデット・コルプスと呼ばれる私立軍事学校まで設立できるようになっていた。番組を見た後、インターネットで調べてみると、ウクライナのコサック団体である「ウクライナ登録コサック」のウェブサイトが出てきた。サイトを通じて気軽な気持ちで、コサック復活運動に興味がある旨をメールした。それから半年ほ

最初に送られてきたウクライナ登録コサック大佐の身分証。裏面「この身分証を所有者は、ウクライナ内務省ならびに民警司令部の規則に従って武器を携行する権利を有する」

どが経ち、メールしたことをすっかり忘れていたところ例の封筒が届いたのである。

驚いた旨を書いて、もう一度メールしてみたが、全く返事がなかった。1年が経ち、2008年も終わろうかという頃、突然メールが返ってきた。ぜひ著者を、ウクライナ登録コサックの本部があるドネックに招きたいという。社交辞令かと思い適当な返事を返していたが、1年以上メールが来なかったことがウソのように、毎日返事が来て、具体的な日程調整をしたいと言い始めた。確かに15年以上前にキエフを旅したことがあったが、東ウクライナのドネックへはどのように行くか想像もつかなかった。なにより会ったこともないネット上のみのバーチャルな付き合いしかないので、ちょうどアフリカで多発していた「ナイジェリアの手紙」と呼ばれる美味しいビジネスを提案しその国に来た外国人を誘拐する詐欺のニュースを見ており、身の危険などないのか不安だった。ただ、メールの最後の文章に目が留まった。「来ていただければ、あなたをウクライナ登録コサックの少将に任命します」。

少将と言えば、将軍の位だ。そうまでして自分を呼びたい理由は何なのか、なんども尋ねたが明確な回答はなかった。「行ってみるしかないか。」そう思った著者は、気が付けば2009年2月、ドネックの空港に降り立っていた。

復活した登録コサック

メールのやりとりのなかでどうしても解せなかったのは、ウクライナ登録コサックとは「愛国主義者団体であり、大学でもあるので安心して来訪して欲しい」という部分であった。意味が分からず逆に不安だったのだが、これについては、ドネックに着いてすぐに謎が解けた。

ドネック到着後、まず連れていかれたのは、ウクライナ教育省傘下の国立情報・人工知能大学で、学長のアナトリー・シェフチェンコがウクライナ内務省登録の市民団体「ウクライナ登録コサック（Українське Реєстрове Козацтво、以下УРК）」のヘーチマン（コサックの頭領）を務めていたのである。УРКは、ウクライナ軍に準じる制服を着て、ドンバス地域の地方都市では予備警察官として活動しており、小火器の携帯が許されていた。２０１４年のウクライナ危機以後、東ウクライナにおける親ロシア派武装勢力に対するATO（対テロ作戦）での兵力不足を補うために、ウクライナ内務省や国防省の隷下に義勇大隊が創設されたが、その原型となるものであった。

歴史上の「登録コサック」とは、16世紀後半から17世紀にかけてポーランド・リトアニア共和国に登録され、公式に軍役を務め、貴族と同等に遇された。ウクライナのコサック国家を支え、その後、ロシア帝国の貴族となった。ソ連崩壊後のロシアにおけるコサック復活運動は、共産主義の喪失時のロシアのアイデンティティ・クライシスを埋める効果は少なからずあった。ウクライナ人は、その国歌にも「コサックの子孫」と歌うほど、民族の源流としてコサックを位置づけている。

イホール・コズロフスキ「アマテラス・センター」所長と

ウクライナの復活したコサック組織は２００近い団体があると言われており、数だけで見るとロシアよりも遥かに多い。ここまで多い理由としては、コサック団体を国家的に組織化・保護しようという試みが盛んな時期があったことが挙げられる。ヴィクトル・ユシチェンコ大統領は、コサック復活運動に非常に熱心で、コサック諸団体を集めてラーダ（コサックの総会）を開いて、ウクライナ・コサックの頭領である名誉ヘーチマンに自らが就任をした。また、コサック団体の組織化・法制化に熱心で、クチマ政権下で策定されたコサック復活プログラムを発展させ、ウクライナ大統領令「ウクライナ・コサック発展プログラム２００２―０５」を承認した。

その流れにのって、ウクライナ登録コサックは２００２年に設立され、瞬く間に会員を増やし、その数約７万人を誇った。アナトリー・シェフチェンコ学長は、オレンジ革命ではユシチェンコを支持したが、ドネツクを地元とするヴィクトル・ヤヌコーヴィチ元首相（当時。後に大統領）とも深いパイプを維持していた。この大学を認可したのもヤヌコーヴィチである。オレンジ革命、マイダン革命と10年ごとに大きな政変の起こるウクライナでは、政治との付き合い方は、常にバランス感覚が要求されるのだ。

大学のなかにＹＰＫの本部が置かれており、大学と大学寮の入り口の警備はＹＰＫの制服を着たコサックが行っていた。大学の学長と愛国主義団体の長を兼ねるというのは日本では考えにくいが、初めて会ったヘーチマン・シェフチェンコは、気さくな人柄であった。この大学には「アマテラス・センター」と呼ばれる日本研究所があった。所長はイホール・コズロフスキ准教授で、専門は世界の宗教、特にイスラム教とアジアの宗教である。神道について勉強したことがあるので日本研究所を設立したが、ここに日本人が訪れたことはなかった。日本人の来たことがない日本研究所ではと考えていたところに、ＮＨＫの番組を見た著者からＹＰＫにメールが来た。これは千載一遇のチャンスということで熱烈なラブコールを送ってきたわけだ。ただ大学とＹＰＫの間で著者に授与する階級や待遇の調整が長引き、返事が１年以上も遅れたとのことであった。

ヘーチマン・シェフチェンコ以下コサックの将官と。右から２人目が著者（マリウポリ、2013年）

ヘーチマン・シェフチェン（右）と（ドネツク、2009年）

翌日、大学の講堂には1、2階席とも満席で、特に1階の最前列は、肩に大きな星章をつけた綺羅星のごときコサックの将官が居並んだ。檀上にはコサック軍楽隊が控えている。

「日本国民岡部芳彦をウクライナ登録コサックの少将に任命する」

ウクライナ登録コサック大将の制服に身を包んだコズロフスキ准教授が読み上げる中、宣誓文を読んだ。「私、岡部芳彦は、ウクライナ・コサックとして、我が祖国ウクライナ、ウクライナの忠実な兄弟たちに献身を捧げることを神の前で誓います！」

歴史上初の日本人コサック将官の誕生の瞬間であった。

そこには我々の知らない「日本」があった

コサックのヘーチマンであるシェフチェンコの大学学長としての要望は、アマテラス・センター主催で日本とウクライナ間、ドネツクと関西の地域間交流をテーマに学会を開催したいとのことであった。そこで準備を始め、翌2010年3月に「日本ウクライナ地域経済・文化フォーラム」を開催することとなった。1日目は、大ホールで基調講演の後に、経済と文化の分科会に分かれてラウンドテーブル、2日目は日本文化を紹介するということになった。前年訪問した際、アマテラス・センターのプログラムの豊富さに、驚愕した。毎日の日本語クラスの他に、月曜日は囲碁、火曜日は将棋、水曜日は折り紙、木曜日は茶道のクラスを提供し、週末は合気道の稽古を開いていた。日本人として情けない限りだが、著者はそのすべてを嗜まない。だが、素人目に見ても、彼らの練度は相当高いのが分かった。特に折

ペーパークラフト化した立体折り紙

り紙は、1枚の紙から創造物を生み出す日本の原型を越えて、折った紙のパーツを組むことで立体的な造形物を作るペーパークラフトと化していた。そこには我々の知らない「日本」があった。

フォーラムに向けて準備をする中で、頭を悩ませたのが2日目の「日本文化の日」である。それほどレベルが高く、期待の高い現地の要望にどう応えればよいのか。そこで白羽の矢を立てたのが、著者の妻有紀である。妻は桃宗蓮和家元を祖とし、姫路市を中心に活動する日本舞踊桃宗流の名取である。

現地での日本への関心の高さから考えると、大学講堂は3、4百人はゆうに超える観客で満員となるのが予想できた。またアマテラス・センターで学ぶ学生たちの日本の古典芸能への習熟度を知ると、妻は尻込みして行ってくれないかもしれない。ちょっと学生の前で踊るだけだと説明し、ドネツクに連れてこられた妻はホールを埋め尽くす観客を見て驚いた。動揺しながらも無事舞台を終えた妻だったが、「騙し討ち」をかけた夫に少し不満そうであった。しかし、部屋を移して、日本から浴衣を5着以上持参しての着付け教室、さらにミニ舞踊教室も行うにつれて、機嫌も直ってきた。女学生たちが熱心に参加し、日本文化に興味を持つ様を見て、改めて古典芸能が持つ魅力を再発見したようであった。翌日、ドンバス・テレビのメーンのニュースでフォーラムについて放映があった。両日とも取材があったものの、初日の学会については言及がなく、「日本舞踊のマイステル（芸術家）である」妻の特集であった。学問よりも文化が持つ力を再認識した夜であった。

日本文化の日に舞う妻（ドンバス・テレビで放映）

浴衣の着方をウクライナの学生に教える妻

「伝説の空手家」河野安雄先生

「レジェンド」河野安雄先生（左から３人目）を囲むコサック

翌２０１１年3月下旬、第2回のフォーラムは、東日本大震災のちょうど1週間後で、開催が危ぶまれたが、関係機関の協力を得て、何とか開催できた。基本的に第1回と同様の形式であったが、冒頭は東日本大震災の犠牲者への黙祷があり、日本の現状を著者が報告することから始まった。2日目の「日本文化の日」の公演は、「伝説の空手家」日本正武館の河野安雄館長を招聘した。河野先生は、日本よりも海外で知られる武道家である。日本正武館は、現在世界40カ国以上に支部を持ち門弟は数千人を超えており、毎年秋に武道の聖地である武徳殿（京都市）で開かれる演武祭には１００人あまりの各国の武道家が参加する。このときも「レジェンド」のウクライナ訪問ということもあり、現地の格闘技専門誌が表紙に河野先生を掲載し、特集を組んだほどであった。アマテラス・センターの運営責任者であり、合気道初段である大学院生セルゲイ・ゲラシコフ君との共同演武も実現した。

２０１２年6月には神戸学院大学経済学部の後援を得て、３回目となるフォーラムを日本で初開催することができた。准博士号を取得しドネツク工科大学人文社会学部の准教授となっていたゲラシコフ君はじめ3人をウクライナから招聘し、日本側は外務大臣政務官などを歴任し日本ウクライナ友好議員連盟の幹事長である西村康稔衆議院議員、楠本祐一外務省駐関西大使などの参加も得て、活発な議論が行われた。閉幕に際して第4回のフォーラムを２０１４年9月にドネツクで行うことを予告したが、この時、まさか開催できなくなるとは誰も予想していなかった。

3章　ヤヌコーヴィチ大統領の右腕

大統領の裏切者

ドネツク州知事（正確には、ドネツク行政区長）のアナトリー・ブリズニュークに初めて会ったのは2011年であった。ブリズニューク知事は、ドネツク州議会議長、野党となってからは地域党ドネツク州支部副支部長を務め、州知事の後に入閣し、地域発展・建設・住宅公営事業大臣に転じた。野党時代はかなり冷遇されたが、ドネツクを地元とするヤヌコーヴィチの右腕と言われ、その権勢は絶大であった。雰囲気は、日本で例えればたたき上げの泥臭い県会議員風で、個人的には嫌いなタイプではなかった。声が大きく、押しも強い。

初めて彼に会ったとき、その面会は非常に緊張感漂うものだった。フォーラムと日本文化の日を終え、河野先生らとともに正式な表敬訪問という形でドネツク州行政庁舎の最上階のオフィスに招きいれられたとき、彼は敵意に近い空気を出していた。外国からの客をもてなす雰囲気では到底なかったので訝しく思っていたが、その疑り深い空気が隣のシェフチェンコ学長に向いているとすぐに気が付いた。実は、2010年のウクライナ大統領選挙の直前、ヘーチマン・シェフチェンコは、登録コサックや自身の大学設立にまで便宜をはかってくれるなど蜜月の仲だったヤヌコーヴィチを裏切り、その政敵で「ガスの女王」ユリヤ・ティモシェンコ首相をコサックの組織全体

ブリズニューク知事（中央）と。同席していたヘーチマン・シェフチェンコは写真に入れてもらえなかった

で支持すると表明していた。大統領選後の、ヤヌコーヴィチ政権側のシェフチェンコへの報復は凄まじく、学長を務めていた大学は、教育省からの命令という形でヤヌコーヴィチ大統領が出身のドネツク工科大学に吸収合併させられるなど様々な嫌がらせを受けた。ヤヌコーヴィチを裏切ったシェフチェンコからすれば、その右腕であるブリズニュークとの仲直りの機会をうかがっており、ちょうどそのいいネタが我々のドネツク訪問だったというわけだ。当時は、それほどドネツクを訪れる日本人は珍しかった。

紹介料は25億円!?

ブリズニューク知事は、不機嫌そうに来訪に対する歓迎の意を形式的に述べ、その後にお互いの簡単な自己紹介を済ませると、「私はドネツク州をウクライナ一の地域にしたい」と言った。彼曰く、平均所得はドネツク州はウクライナ国内でもずば抜けているが、一方基礎インフラの整備が非常に遅れている。引いては日本や日本企業からの投資を呼び込みたいので、我々の助けが欲しいと言った。

日本から同行した大学教員は非常に真面目な性格で、「我々は民間人なので、キエフにおそらくＪＥＴＲＯかＪＩＣＡの事務所があると思うのでそこで相談するのが一番いいのではないか」と言った。彼は間髪を容れず突然机を叩き、「私は知事で、大統領とは親友だ！　そんなことは言われないでも分かっている！　君たちと、私の間で何ができるかを話し合おうじゃないか！」と強い口調で言われた。これはやばい話が始まりそうだと直感的に感じ、勇気を振り絞って知事の言葉を遮ろうとした瞬間、その空気を察した「伝説の空手家」河野安雄館長が「岡部先生、せっかく知事から提案があるのなら、まずは話だけでも聞いてみては」と言った。河野先生が、かつて同じく伝説の空手家と呼ばれアントニオ猪木の異種格闘技戦の対戦相手をマッチしレフェリーも務めた日本正武館の鈴木正文初代館長の秘書であり、タニマチとして知られた佐川急便の佐川清会長との連絡役であったことを思い出した。数々の修羅場を切り抜けてきた河野先生に諭され、ひとまず話だけは聞くことにした。ブリズニューク知事が州の経済局の担当者を呼び寄せ資料だけ持ってこさせ退出させた後、自ら、ドネツク州にインターネットのブロードバンド回線網を整備する計画を披露した。日本円に換算して総額500億円の大プロジェクトであり、大統領も同意しているという。「やはり私は一経済学者に過ぎないので役に立てそうにないが」と言うと、「そんなことは分かっている。ただあなたたちにも人脈があるだろうから、良さそうな日本企業をぜひ紹介して欲しい」という。良さそうなとはどういうことか聞くと、「自分の言うことを聞く企業」だと言う。さらにうまくいった暁には、相応の礼をしたいと言う。「どういう意味ですか?」と聞いたところ、やれやれ鈍いヤツだなといわんばかりに短く「5％だ」と小声で呟いた。うまくいった暁には、500億円の5％ということは25億円が紹介の「礼」に支払われたのだろうか。それは自分の意のままになる日本企業を紹介したことに対する正式な対価として支払われたのであろうか、それとも……。

2015年12月、円借款370億円の供与決定の際に日本側は汚職対策を求めたという。ユーロ・マイダンは、欧州に入りたいという願いに加えて、すべての政府機関に巣くう汚職体質への抗議活動でもあったのではないだろうか。マイダン革命後、キエフ郊外のヤヌコーヴィチの私邸にあった42億円のシャンデリアなどが明るみに出たが、長年続くこのような汚職体質の打破がマイダン革命の遠因であったように思えてならない。

4章　EURO2012の栄光と挫折

巨大なＵＦＯ

ドンバス・アリーナーウクライナを代表するオリガルヒ（寡頭資本家）リナート・アフメトフがオーナーであるプロサッカーチーム「シャフタル・ドネツク」の本拠地である。最初に遠くから見た妻が、着陸した巨大なＵＦＯをイメージしたというほど巨大なスタジアムである。５万人が収容できるという。

ユシチェンコ政権下で誘致に成功したヨーロッパサッカー連盟（ＵＥＦＡ）主催の欧州選手権であるＥＵＲＯ２０１２の開催に向けて、２０１１年から12年にかけて、この国の基礎インフラは驚くべきスピードで整備が進んでいた。その前後にウクライナを訪問すると話題はＥＵＲＯ２０１２一色だった。キエフに到着するとその足で、ウクライナ内務省キエフ警察本部に連れて行かれ、副本部長でＥＵＲＯ２０１２の警備責任者であるバトゥーリン大佐から3時間にわたり、日本のＪリーグの仕組みやフーリガンの動向について聞かれた。サッカーについて全く素人で答えはしどろもどろだったが、尋問（?）の後に、「警察協力章」と書かれた立派な勲記と勲章を授けられた。ちなみにバトゥーリンは、後にユーロ・マイダンにおいて警察における首都警備の責任者ということで矢面に立ち、政変後は行方不明である。

ドンバス・アリーナの威容

現地で日本政府関係者などから聞くヤヌコーヴィチ政権の評判は悪くなかった。確かにユシチェンコ政権末期の政治的混乱はひどく「決められない

開業直前のドネツク新駅

在りし日のドネツク空港

政治」が続いた。最高会議では多数派が形成されず、政党ブロックの離合集散が日常茶飯事であった。日本政府関係者も自分たちのプロジェクトが、ある政府機関や大臣が承認しても、別の部署や他の閣僚が全く違う決定をし白紙に戻るといったことに振り回されていたという。それに比べて議会で地域党が多数を占め、それを背景とした権威主義的なヤヌコーヴィチ政権はトップダウンで政策を推し進め、交渉相手としてはよかったのかもしれない。ＥＵＲＯ２０１２に向けたインフラの整備も次々と計画され実行に移された。

２０１２年２月、キエフに向かう夜行列車に乗るためドネツク駅に行ったところ、まだオープンしていないものの、旧ソ連時代からの変わらぬ設備から総ガラス張りの近代的な駅舎に生まれ変わっていた。翌年、ＥＵＲＯ２０１２に向けて開港したドネツク空港を利用したが、今まで訪れた日本のどの地方空港よりも立派な施設で驚かされた。残念ながらこの美しい空港は２０１４年のウクライナ危機ではウクライナ軍とドネツク人民共和国側の間の激戦地となり、今は廃墟と化してしまった。

「この国は変わる」。ドネツクで出会ったあるビジネスマンが言った。確かに行く先々で、同様の高揚感に包まれていた。

評判の悪い「ヒュンダイ」

ＥＵＲＯ２０１２に向けて急速に整備されるインフラのなかには、ウクライナで待望された高速鉄道計画があった。「インターシティ」と呼ばれる車両は、韓国の現代ロテム製である。現地では「ヒュンダイ」の呼称で呼ばれている。著者は鉄道や車両に関しては素人だが、日本の車両のコピーのような社内は非常に快適だった。シートの座り心地もよく、ウトウトしていると一瞬日本にいて新幹線に乗っていると勘違いするほどであった。特にトイレ付近は新幹線Ｎ７００型とほぼ同型であった。しかし、ほどなくしてこの車両が日本の新幹線とは似ても似つかない代物であることを思い知らされた。２０１３年３月キエフ－ドネツク間で利用したが、自分の知る限り最高速度１６０㎞と言われるこの列車が１００㎞以上で走行した区間はなく、通常6時間半と謳われているが、著者が着いたのは14時間後だった。実は２０１２年の開業当初よりトラブルが続出し、マイダン政変の直前の２０１４年２月13日には、ついにはすべての車両が故障し、完全運休となった。

キエフを出て8時間が過ぎようかというとき、隣に座るビジネスマンとおぼしき男性が話しかけてきた。「どこから来たのか」と問うので、著者がアジア人面なのでおそらく韓国人だったら文句を言うつもりだと思い、日本から来たとはっきり答えた。すると日本の高速鉄道はどれぐらいの速さかと聞かれたので時速約３００㎞だと少し自慢げに答えると、「なぜそれをウクライナに売らなかったんだ！」とキレられた挙げ句にふて寝され、理不尽な気持ちになった。8時間遅れで明け方3時にドネツクに着いたが、駅では出迎えの友人が待っていた。遅れたことを平身低頭謝ると、「ヒュンダイだから仕方ないよ」と言った。現代ロテムは、この国でブランド価値が最低となることを覚悟の上でこの粗悪品を売ったのだろうか。そういえば、欧州でよく見かけるヒュンダイの車はウクライナではあまり走っていない。現地では、ＥＵＲ

０２０１２に開催地決定に大きな影響力を持った鄭夢準ＦＩＦＡ副会長が韓国の現代財閥の一族であるため、ウクライナでの開催決定の見返りにインターシティを購入させられたというまことしやかな噂が囁かれていた。真偽はともかく、このような噂が流れること自体、ウクライナが汚職体質にあることを、ウクライナ国民自身が理解しているからであろう。

ただ、多少問題があろうとも、欧州選手権がウクライナで開催され、共催国はＥＵ加盟国のポーランドである。「この国は変わる」と聞かされたとき、著者も、整備されるインフラを見てそう思った。しかし、今から考えてみると、ヨーロッパ最大のスポーツイベントを成功させ、欧州の一人前の国に認められたという感覚は、実は幻想で後にＥＵ加盟への過大な期待を持たせただけではなかっただろうか。その過剰な期待は、ユーロ・マイダンへとつながる第一歩だったのである。

5章　ウクライナ民族主義者たち

ウクライナ語にこだわる極右政党スヴォボーダ党首オレーフ・チャフニボーク

東ウクライナばかり行っていると、西ウクライナだけではなく、キエフでも評判が悪いことがあった。「あなたはウクライナの東と西のどちらの味方か?」とか「ロシア寄りなのか」と言われるだけではなく「ドネツクに行ったことないんだが、どんな町だ」とウクライナ人から問われる始末である。

ここまで言われるのなら、自分のなかで東西のバランスを取る意味でも、一番、極端な人々と付き合ってみようと思い付き、西ウクライナのリヴィウを拠点とする極右政党「スヴォボーダ（自由）」の関係者に会うことにした。ウクライナ政界関係者にスヴォボーダ関係者に会いたいと事あるごとに言っているとチャンスは意外に早く訪れた。スヴォボーダ党首オレーフ・チャフニボークがたまたま日本人に会いたがっているという。

チャフニボーク党首（右）と(ウクライナ最高会議内)

スヴォボーダは、１９９５年設立のウクライナ社会民族党を前身として２００４年に結成され、２０１２年10月のウクライナ最高会議選挙で37議席を得て注目を集めた。特に西ウクライナで高い支持を得ており、チャフニボーク党首は「２０１２年、今年の人」にも選ばれている。彼らの主張は、共産党系政治家および官僚の全員を罷免、国内身分証明書に「民族」を明記するなど、徹底したウクライナ化を主張してきた。また、第２次大戦中にソ連やナチスからウクライナ独立のために戦ったステパン・バンデーラを始めとするウクライナ民族主義者を国家の英雄とすべきと主張している。彼らに対する評価は、旧ソ連諸国やロシアだけではなく、ウクライナ国内でも批判がある。チャフニボークとは２０１３年3月21日に面会した。面会の提案は先方からあり、国政政党の党首としてＧ７の一角である日本について知りたいというのが理由であった。

スヴォボーダといえば、２０１４年3月18日、ウクライナ国営テレビ局ＨＴＫＹの襲撃を実行し、地域党のニコライ・レフチェンコ最高会議議員の演説中に議場から引きずりだしたイホール・ミロシュニチェンコ最高会議議員に代表されるように、過激な行動をとるメンバーも多い。一方、チャフニボーク自身は、2時間ほど会談したが、普段の語り口は冷静であるとともに論理的な議論を行う印象を受けた。

チャフニボークは、ウクライナ語へのこだわり、中国嫌い、日本好きといった点を繰り返し強調していた。また「日本とウクライナはロシア・中国を挟んでおり戦略的パートナーとして協力できる」とも述べ、その是非は別にして、グローバルな視野から大局的な見方も持っている印象を持った。ウクライナ最高会議では、議場を凝視しつつ「Слава《スラーヴァ》 Україні《ウクライーニ》！（ウクライナに栄光あれ！）」と述べてから演説をすることで知られるチャフニボークだが、固い表情でウクライナの現状の問題点を指摘しながらも非常にフランクな語り口で話した。そこからは、彼を含めてスヴォボーダ自体が過激な民族主義政党から議会制下の右派政党へ脱皮しつつあるのではないかと強く感じた。このインタビューの模様は、チャフニボークが日本人に会うのは初めてとのことでスヴォボーダのウェブサイトにも動画が公開されており、そこからも日本に対する強い関心が窺えた。ただ、このとき彼が率いるスヴォボーダがマイダン革命の主役の一人になろうとは知る由もなかった。

ウクライナ海軍の父ボリス・コージン提督

ウクライナ海軍初代司令官を務めたボリス・コージン提督と知り合ったのは２０１０年の春先である。コージン提督の最終階級はウクライナ海軍中将であり、クリミア州議会議員を経て、ウクライナ最高会議議員を１９９４年から２期８年間務め、オレンジ革命ではユシチェンコ政権誕生の立役者の一人でもあった。彼は、ソ連崩壊時に黒海艦隊副司令官であったが、１９９３年4月7日、コージン以下37人の士官がウクライナ軍への忠誠を誓い、ウクライナ海軍を創設した。ウクライナ海軍記念日は7月末であるが、全ウクライナ将校連盟は4月7日にクリミアのセバストーポリで、ウクライナ海軍創設を祝う式典を毎年行っていた。キエフのウクライナ中央軍事博物館のコージンに関する展示には「ウクライナ海軍の父」と記され、自他ともに認めるウクライナ愛国者である。

最高議員引退後は、ウクライナ海軍十字章財団という市民団体を設立し、いまだ政官に深い人脈を持つ。彼の妻アラ・コージナ氏はウクライナ国立地方自治アカデミーの行政学の准教授である。２０１２年の日本ウクライナ地域・経済文化フォーラムでは、ウクライナ側パネリストとして政治家を代表してコージン提督、学者を代表してコージナ准教授を日本に招聘することとなった。

コージン提督（左）と（ウクライナ最高会議内）

コージン提督は、常に「ウクライナ愛国主義」を前面に出していた。今考えてみると国民国家としての意識が薄かった以前のウクライナにおけるアンチテーゼであったのかもしれない。一方、東ウクライナへの不信も強く、ドネツクの登録コサックのヘーチマン・シェフチェンコのことを良く言ったためしがなかった。彼曰く、シェフチェンコは「ロシアのスパイかもしれない」し、登録コサックというあれほど大きな組織ができたのはロシアから資金提供があったのではないかとしばしば口にした。しかし、コージン自身もドネツクには2回しか行ったことがなく、著者に比べ現地事情に疎かった。西ウクライナやキエフなどで語られる東ウクライナ不信の例え話の中身は根拠のない陰謀論や噂話であることが多かった。ただ、このコージンの態度と考えは、２０１４年のウクライナ危機後に１８０度変化することになる。

プーチンが嫌うウクライナ正教会フィラレート総主教

ウクライナを語る際に、その宗教の複雑性を外すことはできない。東方典礼カトリック教会を始め、ウクライナ正教会モスクワ総主教系に至るまで多くのグループがある。

その中でも最大の信者数を誇るウクライナ正教会キエフ総主教庁の最高指導者フィラレート総主教は、ウクライナ危機以降、慈愛に満ちた宗教指導者と言うよりは、強烈な民族主義的発言が目立つ。２０１４年9月には「プーチンは悪魔に憑りつかれている」と公式声明を出すほどである。プーチン大統領が最も嫌っているウクライナ人は、ヤツェニューク首相とフィラレート総主教と噂される所以である。

フィラレート総主教（左）と（聖ムィハイロ黄金ドームにて）

著者はフィラレート総主教に２０１２年2月以来4度謁見を許されている。初めてフィラレート聖下に会ったとき、70年代に日本を訪問したことがあり、非常に礼儀正しい国民との印象が強く残っていると聞かされた。ヴィシヴァンカで公式行事に臨む著者の「活躍」が耳に届いているそうで、ウクライナを、そしてウクライナ正教会をいつも支持していることに対して礼を言われた。

その覚えがめでたかったのであろうか、２０１４年5月、聖ムィハイロ黄金ドームで聖公ヴォロディームィル勲章、２０１５年3月には教会の最高勲章である聖アンドレィ勲章を拝受した。そして同年11月、ウクライナ正教会の総主教座である聖ヴォロディームィル大聖堂にて、教会の最も重要な祭日の一つである生神女スコロポスルシニタ（聖母マリア）の日に聖下から手渡されたメダルは、東ウクライナに従軍する兵士に贈られるメダルと同じで、その名称は「ウクライナへの愛と犠牲に対して」であった。

6章　ウクライナ抑留日本兵慰霊

血染めの旭日旗

ウクライナ南東部の最大の都市ドネツクから車で3時間程のドゥルジュコフカという小さな町に、第2次世界大戦後ソビエト連邦によって多くの日本人が抑留されたと聞いてからずっと訪問して慰霊したいと思っていた。2013年3月、やっとのことで訪問が実現した。

歴史を専門とする者として恥ずかしい限りだが、ウクライナに多数の日本人が抑留されていたことを以前は知らなかった。ソビエト連邦の指導者ヨシフ・スターリンの命令により満州（現在の中国東北部）にいた多くの日本軍人がロシアのシベリアに抑留されたことは知られているが、中央アジアやウクライナにも連行され劇場や道路建設、炭鉱労働などに従事させられた。詳しい人数はまだ確定していないが、ウクライナには最大で5千人から1万人あまりが連れてこられ、800人ぐらいが死亡したのではないかとの現地の歴史研究者の説もある。

2010年夏にキエフを訪問した際、国境警備隊博物館を公式に訪れた初めての日本人ということで、退役軍人と博物館の共催でセレモニーがあり、所蔵品で日本兵の遺品だという旗を突然返還され驚いた。日本代表でもない自分が受け取っていいものかと思ったが、退役軍人の皆さんと博物館側の希望が一番だと要望を聞くと「日本の兵士の聖堂（靖国神社のこと）に還してくれ」とのことであった。ウクライナ側のたっての希望ということもあり、ひとまず預かって日本へ持ち帰り、直接神社の社務所に電話したが、なぜ日本代表でもない自分が旗を受け取ったかなど事情が複雑な上に説明不足で話がどうもかみ合わなかった。その後、しばらく旗を自室の机の上に放置し失念していたが、掃除をしていた妻が見つけた。事の顛末を話したところ、旗に付いたシミは何かと問われた。現地での説明で血痕とのことで、いきさつは分からないが「血染めの旭日旗」である。それを聞いた妻から、それほど思いのこもったものであれば早く供養すべきだと言われた。

安倍晋三氏の涙

「血染めの旭日旗」は、戦没者慰霊や遺骨の収集に熱心であった安倍晋三元首相（現首相）と著者がたまたま面識があったので間に入ってもらい、ウクライナ側とも再度相談し、2011年に靖国神社でお焚上げ（供養のため燃やすこと）してもらうことになった。神社に納める当日に安倍氏に旗の実物を見せに行った。議員会館の彼の部屋で「遠いところをよく還ってきてくれた」と感慨深げに旗を眺める安倍氏の瞳にはうっすら涙が浮かんでいるように見えた。

ウクライナから還ってきた「血染めの旭日旗」を手に安倍晋三氏（右）と

第2次世界大戦中のウクライナでは、ソ連側と独立運動側に分かれて戦うことになった。ステパン・バンデーラ率いるウクライナ蜂起軍に属し、ソ連からの独立を目指したウクライナ人は戦後日本人抑留者と同じ収容所に収容されたこともあったそうである。そのせいか、現地の人々から差し入れなどもあり、ウクライナでの日本人抑留者は比較的恵まれた待遇であったと言われている。現地の女性と結婚し、ウクライナ人になった者もいる。

ロシアをまたいで日本の隣の隣の国とはいえ、距離的には近くはない。ソ連によって強制労働に従事させられ日本に帰ることがついに果たせな

慰霊碑に酒と線香を供える

日本人の収容所があったといわれる場所

かった日本人抑留者は戦争と抑圧的政治の犠牲者であり、その望郷の念を考えると涙せずにはいられなかった。妻が用意してくれた線香と数珠を携え「すべての戦没者のため」と名付けられた慰霊碑に着くと、誰が供えたのか、美しい花が手向けられていた。地元の人に聞くと、近所の人が誰彼となく花を置いて絶えることはないとのことであった。

慰霊碑訪問が終わると、ドゥルジュコフカ市「インテレクト」・ギムナジウム（11年生学校）を訪れた。今回の訪問はこの学校の校長も手助けしてくれた。地方都市に住む生徒達の心温まる歓迎・パフォーマンスに日本とウクライナの友好の未来を見た気がした。

著者も先の大戦では、発明王トーマス・エジソン唯一の日本人助手であった祖父岡部芳郎を１９４５年３月の神戸大空襲で亡くした。エジソンをはじめとする多くのアメリカ人に愛された祖父がアメリカ軍の空襲で死んだことを思うと感傷に引き込まれそうになることもある。抑留者の身内ではないが、一人の日本人として慰霊することで、遠くウクライナで亡くなった兵士の霊魂が少しでも安らかになることを願いつつ、また今回の訪問と慰霊の実現に手助けしてくれたウクライナの友人に心から感謝しつつドゥルジュコフカの街を後にした。

7章　マイダン前夜——東のマリウポリから西のリヴィウへ

キエフにできたイスラム教寺院

ウクライナを語る上で重要なことの一つが、国の多様性である。使用する言語一つとっても東ウクライナではロシア語が、西ウクライナではウクライナ語が日常語として使われることは、ウクライナ危機を通じて広く知られるようになった。

一方、ディアスポラ（民族的離散）を経て、ウクライナにたどり着いた様々な民族の人々もウクライナ人として暮らしていることはまだあまり知られていない。２０１３年3月キエフに、初のイスラム教寺院（モスク）ができたと聞いて非常に興味があったのだが、チェチェン人のディアスポラ協会の会長と話す機会があり、訪問することができた。

キエフのモスク

著者の無事を祈るタミム導師（右）

ウクライナのムフティー（イスラム教の最高指導者）であるタミム導師自ら案内してくれた。モスク内の学校では、子どもたちがウクライナ語、ロシア語、アラビア語、チェチェン語の4ヵ国語を同時に勉強していて非常に驚かされた。

翌日、非常に興味深い出会いがあった。ウクライナ最高会議内でマリヤ・マティオス最高会議議員と会った。彼女はウクライナの現代文学を代表す

タラス・シェフチェンコ賞作家マリヤ・マティオス（左）と（最高会議内）

る作家で、その最高賞タラス・シェフチェンコ賞を２００５年に受賞している。知名度抜群で最高会議議員に当選し、ボクシングの世界チャンピオンのヴィタリ・クリチコ氏が党首を務めたウダル党の№２として活躍していた。安倍公房の大ファンだそうで、三島由紀夫の彼女なりの評価などを聞いているとあっという間に1時間が過ぎた。非常に饒舌な印象を持っていたが、ユーロ・マイダンが始まった後に、彼女は反政府側の理論的支柱の1人としてマイダンのステージに立ち、演説を続けた。

コサックの大将として海港都市マリウポリを訪問

２０１３年3月、キエフからドネツクに着いて、そこから車で2時間ほどの港町マリウポリ市に到着するとウクライナ登録コサックが歓迎式典を開いてくれた。マリウポリはアゾフ海に面しており、神戸と似た風光明媚な港町である。この頃は、ウクライナ危機でドネツク人民共和国側が戦略的拠点と見なし大攻勢をかけるとは思わず、アゾフ海に映る美しい月の姿を眺めた。マリウポリにはオスマン・トルコから当時のロシア帝国の一部であったウクライナに移住したギリシャ人ディアスポラの大きなコミュニティーがある。ウクライナ人だが、ギリシャ系の名前も多い。

ＹＰＫは、マリウポリ市のギリシャ系ディアスポラやアルメニア系ウクライナ人といった少数民族へ資金を提供し、ウクライナ文化教育を熱心に行っている。ヘーチマン・シェフチェンコは、ローマ教皇ヨハネ・パウロ2世、ロシア正教会のアレクシイ2世にも謁見、宗教的にはウクライナ正教会キエフ総主教庁を支持し、フィラレート総主教からＹＰＫに祝福が与えられている。加えて、イスラム教徒の代表であるムフティーを大学に招き、ヨルダンでもコサックの称号を授与するなど、不偏不党の無宗教型の組織を目指している。この点では、ロシア正教の守護者を自認し、愛国主義的なロシアのコサック組織とは全く異なっている。

マリウポリ市を訪問した際、ウクライナ登録コサックが資金提供してウクライナ文化教育を行っている3つの学校を視察した。このとき著者はウクライナ登録コサックの大将（генерал полковник УРК）に昇進しており、その制服を着用した。最初は11年制学校で低学年の児童が歓迎行事として、日頃練習しているコサック伝統の武道を披露してくれた。次に訪れたのは、マリウポリ近郊のサルタナ地区のギリシャ系ディアスポラが通う第166幼稚園である。ここでは女性教員はすべて登録コサックの制服、小さな子どもたちも全員コサックの制服を着用し、著者を出迎えた。園の入口で、ウクライナの刺繍布であるルシュニクの上に「パンと塩」を乗せる伝統的な出迎えの儀式を受けた。

園ではウクライナ語・ロシア語とともに、ギリシャ語の時間があり、園児たちは、ウクライナのほかギリシャの民族舞踊も披露した。УРКの支援を受け、子どもたちはコサック文化を通じてウクライナ人であることを自覚するとともにギリシャ文化教育を受けているのである。3つ目の視察先である11年制学校でも登録コサックが資金を提供して、ウクライナの伝統文化や舞踊の授業を提供していた。最後に視察を行ったのはアルメニア系ウクライナ人の教会を中心としたレストラン・ホテルを

園児による「パンと塩」のお出迎え。右側の園の先生は全員登録コサックの制服着用

著者の「観閲」を受ける園児たち

ヴィシヴァンカ姿の女生徒たちと

登録コサックがスポンサーの民族舞踊団から「パンと塩」の歓迎

備えた複合施設であり、アルメニア系のオーナーはウクライナ登録コサックの少将の階級であった。もともとは民族でも国家でもなかったコサックには、様々な民族が含まれた。ウクライナ登録コサックの活動はそれを体現しているようであった。

マリウポリでは、その他に港湾労働者労働組合での組合員の年金生活者によるウクライナ刺繍展や、ＹＰＫがスポンサーの民族舞踊団に招かれるなど熱烈な歓迎を受けた。この時点で、マリウポリが親ロシア派武装勢力との最前線に立たされるとは思ってもみなかった。ギリシャ系ディアスポラの幼稚園があるサルタナ地区は、ちょうどウクライナ軍と親ロシア派武装勢力の最前線となり、幼稚園の建物も砲撃を受け破壊された。幸い園児たちに被害はなかったと聞いているがウクライナ危機を通じて、このとき出会ったコサックの子どもたちのことが頭を離れたことはなかった。

歴史都市リヴィウの光と影

西ウクライナの中心都市リヴィウは日本ではあまり知られていないが、市街が第２次世界大戦でも破壊されず、まるでウィーンのような美しい歴史的景観が保存されている。歴史地区はユネスコの世界遺産にも登録されている。商工業も盛んで、日本の自動車部品メーカーのフジクラが、自動車部品工場を建設する意向との噂も聞く。

リヴィウ大学博物館にて

リヴィウ中小企業連盟での講演

２０１３年3月、リヴィウ市中小企業家連盟で日本経済について講演したが、議論が活発で興味深かった。24歳でアジア系レストランの開業を目指す女性などにも出会い、若い起業家も育ってきている印象を受けた。講演したのちに放射線を計測するガイガーカウンター製造会社を見学した。このガイガーカウンターの会社は福島原発事故のあと約３万台を日本に輸出し日本の警察なども使用しているそうである。意外なところでウクライナが日本を助けていると感じた。世界銀行が毎年発表するビジネス環境ランキング「Doing Business」では、ウクライナは現在１８３ヵ国中83位と健闘しており、将来性が見込まれる。

リヴィウは、ウクライナ民族主義者にとって聖地でもある。街の中心地にあるウクライナ独立の「英雄」にして民族主義者ステパン・バンデーラ像の横にはパトカーが常駐し、警官が警戒を怠らない。理由は、数年に一度はペンキをかけられるかららしい。それほど、ウクライナ国内外におけるバンデーラ評価は非常にデリケートな問題である。ウクライナ民族主義者組織ОУНのリーダーであったバンデーラはポーランドで投獄されていたが、第2次世界大戦が始まり解放され、独ソ戦前後にウクライナ独立を意図してナチス・ドイツを一時的に支持した。だが、その民族主義的傾向を嫌うドイツ占領軍によって再び投獄された。それ以後、反ナチス・ドイツ、反ソ連両方の象徴となった。一方、１９４１年には、リヴィウでは彼らによるユダヤ人のポグロム（虐殺）が起こるなど、街の歴史に暗い影を落とす。

リヴィウのバンデーラ像

ポーランドやロシアから見れば、一時期ドイツに協力したバンデーラはファシストとの評価である。リヴィウのバンデーラ像自体はそれほど大きくなく、その微妙な空気を反映しているようであった。その後ろには対照的にウクライナ民族主義者を称える巨大なアーチが建てられ、小さなバンデーラ像を後押ししているようにも感じた。

中小企業連盟のメンバーが、会員企業である酒店で歓迎会を開いてくれたが、そこの娘がキャノンの一眼レフを持って、慌ただしく出かける準備をしていた。彼女は駆け出しのジャーナリストで、ちょうどその日に始まった「リヴィウ・ファッションウィーク」の取材に出かけるところだった。その日は、ウクライナのトップモデルを招いて、ランウェイで最新のウクライナ・ファッションが披露されるという。歴史都市、産業拠点、民族主義の聖地、ファッションの中心地と様々な顔を持つ都市リヴィウは、複雑性と多様性を特徴とするウクライナそのものに感じた。

チェルノブイリで感じたこと、考えたこと

チェルノブイリ原子力発電所はウクライナの首都キエフから約130km北にある。1986年4月26日1時23分に休止中の4号炉で外部電源喪失を想定した実験中に制御不能となり爆発した。ウクライナに来るたび、機会があれば出会う人にその後の影響について尋ねた。被害が甚大という意見も多くある一方、その後のソ連崩壊による生活環境の激変やそれによるストレスやアルコールの過剰摂取による死亡率の増大のほうが被害が大きいといった意見まで様々で、はっきりしたことは未だによく分からないという答えが多い。ウクライナ人でもよく分からないとのことなので、同じく原子力災害の経験を共有する国の国民

４号炉の前で(背中の文字は「ウクライナ非常事態省」)

チェルノブイリの教会

としては一度この目で見ておきたいと思い、リヴィウからキエフに戻った際に訪問した。

現地へ向かう途中、意外に思えたのは、事故後避難を余儀なくされ、その結果現在は人が少ないせいか自然環境が非常に豊かなことである。野生のモンゴル馬の群れが佇んでいたり、チェルノブイリ原発沿いの川には白鳥がいたりと、ここが事故の現場付近だと知らなければ、のどかな田園風景がつづく。

チェルノブイリ市には美しい教会がある。あまり知られていないが、チェルノブイリ自体はもともと原発都市ではなく、１１９３年ぐらいから所在する非常に歴史のある町である。この教会は今では毎日曜日にはミサも行われるようになり、結婚式をあげるカップルもいるそうだ。町の中心には、事故で避難を余儀なくされた村々の名称のプレートが並べられ、その一番奥には、フクシマ・ヒロシマの名前が冠された折り鶴のモニュメントがある。ここにはもう一つ意義深い記念碑がある。それは事故の収束作業にあたった人々のもので、「誰が世界を救ったか、彼らだ」と刻まれている。

事故直後、多くの消防隊員や軍人が放射線量が分からぬ状況のまま、原発内で消火や事故収束作業に従事し、多くの者が急性放射線障害で死亡したと言われている。彼らの働きがあったからこそ、被害の拡大が防げたのだと感じた。このモニュメントは市民の寄付金のみで建てられたことからも人々の畏敬の念が窺える。

原発からわずか４㎞のプリピャチは、町の入口と原発までは２㎞し

プリピャチの小学校のなかで

かなく非常に近く感じる。今は廃墟と化しているが、当時は約5万人が居住していた。集合住宅にはエレベーターが備えられホテルや娯楽施設も多く、一見して生活水準が非常に高かったことが分かる。ここに住んでいた原子力関係の労働者はソ連ではエリートだった。事故が起こったあとも一切知らされず、30時間経ってやっと避難が始まったが、パニックを避けるため3日で戻れると説明を受けたため家財道具や金銭は置いていった者が多かったそうである。

市内を歩いているとプリピャチのシンボルとも言える観覧車が見えた。遊園地は開園したが観覧車が稼働する前に事故が起こり誰も乗ることはなかったという。小学校の食堂の床には子ども用のガスマスクが散乱していた。壁にポスターが貼ってあり、以下のように書いてあった。「原子力は（人に）暖かい。そして未来も明るい」。廊下を歩いていると、子どもたちが楽しげに遊ぶ声が今にも聞こえてきそうな気がした。

キエフに戻り、コージン提督のオフィスに行くとウクライナの西隣の国モルドバ産の赤ワイン2リットルのボトルを渡された。ウクライナを発つ前日だったので、こんな重いものは預け荷物の重量オーバーで持って帰れないと言うと、「明日までに全部飲むんだ」と言われた。さすがに飲みきれないとビックリしていると、ウクライナでは赤ワインのポリフェノールが放射線を体から排出するのに効果があるとの都市伝説を信じている人がいるそうだ。もちろん提督はこの話を信じていないが、著者の体を気遣ってのことで、ウクライナでの最後の晩ということもあり、ありがたく飲んだ。

8章　ユーロ・マイダンで友人が突然副首相と国防相になる

オレクサンドル・シチが副首相になる

２０１４年2月18日、独立広場付近で大規模な衝突が起こり、同22日にはヤヌコーヴィチ大統領の逃亡が報じられ始めた。国家権力は最高会議に移り、矢継ぎ早に重要決定が行われた。その中にはスヴォボーダが提出のロシア語を公用語から外す法案もあった。その後の東ウクライナの混乱を決定づけることになるこの愚かな法案は、すんなり可決されてしまった。

個人的には、キエフにいる知人たちが心配だった。その中にはスヴォボーダの幹部であったオレクサンドル・シチもいた。政治の世界に入る前のシチはウクライナのボーイスカウトであるプラスト運動史を研究する大学教員で、同じ学者として付き合いがあった。彼はウクライナ民族主義の信奉者ではあるが、一方で非常にナイーブで、スヴォボーダの暴力的なデモ参加者とは全く異なる温和な人物である。マイダン付近での治安部隊との衝突ではスヴォボーダが最も多くの犠牲者を出していた。政変後、メールしてみるとすぐに返事があり、無事であること、そしてスヴォボーダも参加して暫定の連立政権が樹立され、自分も政府に入ることになったと書いてあった。ほどなくしてウクライナのニュースで、最高会議の平議員にすぎなかった彼が副首相になったと聞いた。最初は、耳を疑ったが、２０１４年5月にキエフを訪れた際に、内閣庁舎に招待を受け、会いにいくことになった。

シチ副首相（左）と。シチの右隣はソロミア（内閣庁舎内副首相室で）

5月、まだマイダン付近にはテントが建ち並び、バリケードが残っていた。道路の石畳は剥がされ、あちらこちらに黒焦げた建物が目についた。マイダンを抜け、内閣庁舎に着くと、前政権と違い、高い鉄製の柵は取り払われていた。副首相室で立派になった彼と再会した。以前とは違い、政府広報担当者やカメラマンに囲まれての再会に少し戸惑った。公人となった彼とは以前のように気軽には話せないのだなと感じたが、9月に再訪した際にも、最初のミンスク合意がまとまる前後で非常に多忙であったにもかかわらず、時間を作ってくれた。この日の「会談」についてはウクライナ政府のポータルサイトで「オレクサンドル・シチ副首相：農業分野におけるウクライナと日本間の学術的な協力が進展すべきである」との題で報じられた。

このとき、シチの首席秘書を務めていたソロミア・ボブロフスカヤは社会運動家となり、現在は、ジョージア元大統領でオデッサ州知事を務めるサーカシビリに抜擢され、20代後半で副知事となった。確かにユーロ・マイダンは「革命」であった。大統領と首相がロシアへ逃亡し、多くの主要ポストが突然入れ替わった。ウクライナ軍副参謀総長だったイホール・カバネンコ海軍大将もそうだ。彼とは数年前から海軍の先輩であるコージン提督を通じて知り合い、ウクライナを訪問するたびに食事をする仲であった。その後、機密文書の国防省外への持ち出し容疑で、ヤヌコーヴィチ大統領により更迭され、マスメディアは3つのアパートを所有している疑惑を繰り返し報じた。事の真偽は分からないが、彼がやり手で、英語が上手く西側寄りであることは間違いなかった。マイダン後、失脚していた彼は、ヤヌコーヴィチに追放された「経歴」が功を奏したのか国防次官に返り咲いた。アメリカ留

カバネンコ国防次官（左）と（右はコージン提督）

学経験があることから、NATO加盟に向けた交渉の担当となった。2014年5月に再会したが、国防次官として東ウクライナの戦況や現状を著者に話した。

ミハイロ・コバリ大将が国防相になる

3月5日、クリミア視察中だったウクライナ国家国境警備庁のミハイロ・コバリ大将が、拉致されたとニュースで聞いた。犯人は、正体不明だが、どう見てもロシア軍の装備で完全武装の「緑の小人」らしい。2日後、5チャンネルで解放された彼が記者会見を開いているのを見て、安心した。著者が見たことのないほどの剣幕で、拉致したのは「ロシアの海軍歩兵、空挺部隊だ。車のナンバーとマークで分かった」と言い切った。

コバリ将軍と初めてあったのは、2012年の2月である。友人に「伝説の軍人に会ってみないか?」と言われ、連れて行かれたのがウクライナ国家国境警備庁本部であった。2階の1番奥まったオフィスのドアには「次官」との銘板がかかっていた。

コバリ大将の経歴は、長年ソ連軍落下傘部隊指揮官であり、ウクライナ独立後は、特殊部隊、第30機械化旅団、第80空挺連隊など精鋭部隊の司令官を務めたことがある。アフガニスタンに2年の従軍歴がある猛者だが、軍人バカではなく、第2次世界大戦の塹壕防衛線の歴史論文で准博士号を取得している。出版された論文は、日本の電話帳サイズが全7巻と非常に長大で詳細な研究である。

彼のオフィスの裏には5畳ほどのキャビネットがあり、その壁にはイギリ

コバリ大将（左）と。壁には各国特殊部隊からの感状が並ぶ

スのＳＡＳ、アメリカのデルタフォース、ロシアのスペツナズ、ドイツのＧＳＧ９など各国の特殊部隊と軍事交流を物語る記念の盾やプレートが所狭しと並んでいた。そこでしばしばアルメニア・コニャックでもてなされたのであるが、彼が決まって言うのは「俺はこんなところにいる人間じゃない」だった。彼曰く、ヤヌコーヴィチ政権の軍縮小政策で、一時期は70万人を超えたウクライナ軍が10万人近くにまで激減、自分のポストが軍内になくなり、国境警備庁に転出してきたという。実戦経験も豊富で、特殊部隊を率いたプライドから、今の閑職に不満なのかと思いきや、前向きに国境警備隊の改革に取り組んでいた。曰く、ウクライナの空港での入国審査は欧州一評判が悪い。日本の援助で新しい空港ターミナルＤもオープンしたことだし、ＥＵＲＯ２０１２に向けて、隊員に笑顔で応対するよう命令を出したという。そういえばこの頃から、空港での入国審査の時間も短くなり、以前のようにパスポートを投げられて返されることもなくなっていた。そのポジティブな様子に、著者が「またいつか必要とされる日が来ますよ」と何の根拠もなく繰り返し言っていたが、まさかその日がこようとは思ってもみなかった。

２０１４年3月25日、ウクライナ最高会議はミハイロ・コバリ大将を国防大臣（大統領任命職で不在のため代理）に任命する決定を出した。それから4ヵ月あまり、マレーシア航空機が撃墜される直前まで東ウクライナでのＡＴＯ（対テロ作戦）の対応に当たった。テレビを通じて、スラビャンスクの激戦で陣頭指揮を執る彼を見たが、どこか生き生きとしているように感じた。

9章　大きく変わるウクライナ人のメンタリティー

「怖いキエフに行かずドネックに来てください」

２０１４年2月初旬、すでにドネック往きの航空券をキャンセルできない条件で予約していたので、渡航しようか非常に迷っていた。訪問の目的は、9月にドネックで4回目となる日本ウクライナ地域経済・文化フォーラムを計画しており、その打ち合わせのためであった。日本側のパネリストとしてウクライナ事情に詳しい浜田和幸参議院議員も参加の意向で、その他に何人かの代議士からもポジティブな回答を得ていた。日本のテレビでは繰り返し独立広場付近の緊迫する状況を放映していた。

ドネック側のオーガナイザーにスカイプで連絡すると、テレビでの緊張感とは全く異なる返事だった。彼曰く、ドネックは平静そのもので、平常通りだという。しかし、時がたつにつれて彼の言葉は大きく変化していく。2月「危ないキエフに行かず、ドネックに来てください（笑）」、「東ウクライナの住人の大勢が連邦制を求めている」、3月「クリミアのことで、ドネックでもウクライナ人であることを再認識する人が増えた」、「連邦制がいいと思ったけど、今はウクライナの統一性のほうが大事」とニュアンスが変わった。この頃からドネックでも親ロシア派によるデモなどが起こりはじめる。4月半ばには「（著者が5月末にウクライナ訪問予定だったのを知って）たぶん5月末に会うのは少し難しいかもしれない。何が起こるか誰にも予想できない」、5月初旬「頭の半分は日々の暮らしや仕事を考えないといけないし、半分は国の行く末を考えるので、普通の精神状態ではない」と2月とは全く異なる言動であった。

実はこの直前までドネックではウクライナ支持の大規模集会が連日開かれていたが、4月30日、覆面で軽武装した親ロシア派の男たちが、女性や子どもも多く参加していたデモ隊に襲いかかったのである。時を同じくして、ドンバス・テレビなどのテレビ局が占拠されて、ウクライナの放送からロシアの放送に電波が切り替えられた。若者世代はインターネットや衛星チャンネルでウクライナの放送を見られるが、高齢者は通常放送しか見られないのでロシアのテレビしか見られなくなった。当然、ロシアのマスメディアでは「ウクライナの義勇大隊がドネツクの親ロ派義勇兵の母に息子の切り落とした頭部を送付」などといったロシアでしか報じられない偽のプロパガンダ・ニュースが流布しており、それを聞いて不安になるとともにウクライナ政府への不信感も高まっていた。3月にはロシア政府が大半を出資している英語国際放送「Russia Today」のアメリカ・ワシントンDC所属のアビー・マーティン、リズ・ウォールの両キャスターがウソばかりの編集方針に抗議して生放送中に辞任した。

ロシアが東ウクライナに介入するまで、「ウクライナ人意識」は今ほど強くはなかった。経済を中心にロシアとの関係は重要だが、クレムリンにはノーという意見が大勢であった。この時点でも、東ウクライナの住民はキエフの政権、クレムリンのどちらにもネガティブだったが、ただクレムリンに対する不信のほうが非常に大きかった。東ウクライナではキエフでの政変後の親ロシア派の悪行を見るまで、あるいはロシア方面から非正規を装った正規軍や傭兵部隊が送りこまれるまで、ロシアに対する感情はそれほど悪くなかった。ただ、戦車や対空ミサイルで重武装した傭兵、しかも武装した犯罪者までもが大量に流入し、暴れまわった結果、現地住民の支持はほとんどなくなった。現在の対ロ感情は過去最悪で、しかも少しでも友好的な態度すら示せない状態である。ロシアは影響力を確保する一方、ウクライナ国民、特に東ウクライナ住民のロシアに対する友好的な感情を完全に失った。仮に、クリミアと東ウクライナでウクライナ最高会議選挙が行われていたら、今まで通り親ロシア系議員を当選させることができ、彼らを使って最高会議の不安定化、あるいは間接的に操ることすらできた。

ロシア政府やロシアのマスメディアは、西ウクライナの過激な反ロシア抗議活動や政権内のスヴォボーダの存在を危険視し強調したが、それは我が国で例えればヘイトスピーチレベルではなかっただろうか。その証拠に２０１４年５月25日のウクライナ大統領選挙でチャフニボークの得票率はわずか１％程度、10月の最高会議選挙では得票率５％の壁が越えられず比例代表の議席をすべて失い惨敗した。一方、政変後の２０１４年４月末、何者かに銃撃された親ロ派と目されたゲンナジー・ケルネス・ハリコフ市長は２０１５年10月25日の地方選挙では、一度目の投票で50％以上の得票を得て再選された。ウクライナ人が一致団結しないことが、ロシアにとっての最大の国益であったのに、ロシア特有の「常に外敵から侵略されるかもしれない」という異常なまでの被害妄想から過剰反応をし、クリミアを併合、東ウクライナに兵を送った結果、自らその可能性を捨て、自分の首を絞めてしまうことになったのである。

存在感を増すウクライナ登録コサック

ドネツクが親ロシア派武装勢力に占拠され、ドネツク人民共和国ができて、しばらくはドネツクにいたヘーチマン・シェフチェンコであるが身に危険が及ぶことも出てきたので、マイダンから歩いてすぐの場所にあるウクライナ登録コサックのキエフ本部に拠点を移した。ヘーチマン・シェフチェンコは親ロシア派から命を狙われる状況になったことで、逆にウクライナ国内で評価が上がり、ウクライナ議会チャンネルにたびたび招かれ、自分の立場や意見をテレビで述べるようになった。

確かにウクライナ危機以後、ウクライナ愛国主義の高まりを受けて、ＹＰＫへの入団者は増加の一途を辿っている。総数７万人から10万人に達したと発表した。また「キエフ・タラス・シェフチェンコ連隊」という名称の軍事訓練を目的とした実働部隊も設立され、УРКの資金でキエフ郊外に訓練キャンプを設置した。その後、モイセンコУРК大佐指揮のもとウクライナ国境警備庁の隷下に入り、東ウクライナのＡＴＯ（対テロ作戦）に従軍した。

ウクライナ危機後、大量の兵士の脱走と離反に悩んだウクライナ軍は、装備などを自弁する義勇大隊の設立を許可した。２０１４年9月、УРКのラーダ（総会）が開催され、上級大将（генерал арміï УРК）に昇進した著者も出席した。モイセンコ大佐から東ウクライナにおける戦況の報告があった。ロシアに対する危機感からヨハネス・ケルト・エストニア国防大臣顧問（元エストニア軍総司令官・陸軍中将）も、その報告を聞くためだけにキエフを訪問し参加していた。そこで語られる戦場の実態は、著者が想像していたよりも激しく厳しいだけではなく綺麗事だけでは語れないものであった。義勇大隊内では、にわか編成であるので兵士の飲酒問題や無気力な態度が表面化しており、統制に問題を抱えていることが報告された。

東ウクライナより持ち帰った連隊旗を見せながら戦況を報告するモイセンコ大佐(左)。右はヘーチマン・シェフチェンコ

２０１５年4月18日、モイセンコ大佐をはじめとするウクライナ登録コサックからＡＴＯ（対テロ作戦）に従事した「キエフ・タラス・シェフチェンコ連隊」の兵士のみを対象とした国境警備隊の叙勲式が開かれた。その模様が、「コサックの勇気に対して」との表題で国境警備隊機関紙の１面を飾り、存在感を示している。また、ウクライナ愛国主義の受け皿だけではなく、ロシアとの仲介役となる可能性もある。２０１５年4月20日のイズベスチヤ紙によれば、ドン・コサックのアタマンで前ロシア国家院議員のヴィクトル・バドラッキー・コサック将軍

は、ウクライナ登録コサックのヘーチマン・シェフチェンコに書簡を送り、ウクライナ西部の民族主義勢力やネオ・ナチと協力しないように要請したことが報じられている。そこからは、ウクライナ・ロシア間の仲介者としての役割も期待されているのが分かる。

「ロシアのスパイ」とヘーチマン・シェフチェンコを悪く言っていたコージン提督は、ウクライナ登録コサックの会議に賓客として招かれるとともに、シェフチェンコを「愛国者」と称え、今では活動を共にしている。ロシアという外敵のおかげで、ウクライナ国内の人間関係も以前では考えられないほど大きく変わった。皮肉にも、ロシアのおかげで「ウクライナ統一」が成し遂げられたのである。

登録コサックのラーダ（総会）にて。左からモイセンコ大佐、コージン提督、ヘーチマン・シェフチェンコ。中央のスーツ姿はヨハネス・ケルト・エストニア国防相顧問（陸軍中将）、右から3番目は著者

クリミア・タタール人指導者ムスタファ・ジェミーレフの思い

２０１４年９月、クリミアタタール民族会議（メジュリス）の前の議長ムスタファ・ジェミーレフとキエフ市内で会った。ポロシェンコ・ブロックから最高会議議員に当選し、現在は大統領クリミア・タタール人問題特別顧問を務めている。この頃ちょうどノーベル平和賞の発表直前で、パキスタンのマララ・ユスフザイが受賞の大本命だが、その次に可能性が高いのがジェミーレフと言われていた。

クリミアではロシアによる併合の後、タタール人から副首相が任命されるなど一見タタール人に融和的な政策が取られているように見えるが、必ずしもそうではない。クリミア・タタール人出身のルスラン・バリベク副首相は、メジュリスの反主流派で、常にジェミーレフの方針には反対し、２０１１年には議長弾

ムスタファ・ジェミーレフ（左）と

効を訴えた。クリミア併合に際しては、反ジェミーレフ派として、ロシア側に目をつけられ副首相のポストと引き換えに切り崩された格好だ。日本の政界用語で言えば、「毒まんじゅうを喰らった」のである。

一方、2015年1月末、メジュリスのクリミア残留のリーダー、アフチョム・チイゴズが、1年も前の2014年2月末のクリミア最高会議前でのデモ扇動による秩序混乱の罪（連邦犯罪法212条）で逮捕された。同じ場所で、親ロシア派もデモを行っていたが、当然誰も捕まっていない。何より象徴的なのは、タタール語放送のテレビ局ATRが2015年4月1日、放送免許が更新されず、放送を停止したことである。

そんな状況を、ジェミーレフはどのように感じているのであろうか。彼はまず3月12日にプーチン大統領から彼の携帯に電話がかかってきたことから話し始めた。「どうしてプーチン大統領はあなたの携帯番号を知っているんですか？」と著者が無邪気な質問をすると、「彼らは何でも知っている」と真顔で答えた。プーチン大統領は、クリミアがロシアに編入されれば、生活が向上することやタタールの人々の権利を保障すると述べたが、ジェミーレフは懐疑的だと答えたという。しかし、クリミアにいる同胞が不利にならないよう考え、強く意見したり、要求は何ら行わなかった。多くのタタールの人々はウクライナのパスポートを持っているが、やはり生活しにくいとなるとロシアのパスポートに切り替える人も出てくるだろう。「それでもいいんですか？」と尋ねると、一言「我々はそうやって生き延びてきた。これからも知恵を絞って生き続けるだろう」と答えた。最後に一言、「そして我々はウクライナと共に生きる」と言った。

10章　ヴィシヴァンカを着た活動家

知られざる大国ウクライナ

２０１４年は、著者にとっても大きな変化の年であった。神戸学院大学が市民向けに土曜日に公開講座を開いており、２０１１年に担当した際の題が「知られざる大国ウクライナ」であった。教室は満員であったが、流行《はや》りのトピックではなく、未知の話を聞く空気で満ちていた。同年、毎日新聞に「ウクライナにはまる」の題でコラムを書いたが、これといった反応はなかった。２０１２年6月に神戸学院大学で、第3回日本ウクライナ地域経済・文化フォーラムを日本で初開催した際には、幸いにも多くの市民も参加いただいたが、フォーラムの議題の一つが両国間の交流が活発でないことであった。

２０１４年2月下旬から、政変、ロシアによるクリミア併合とウクライナ情勢が激変するなかで、著者のところにも、関西のマスメディアを中心にコメントの依頼がたびたび来たが、もともとはウクライナが専門ではないので遠慮していた。ところがテレビをひねるとそこで流れる専門家のコメントに首をかしげるものが非常に多かった。特に2、3月は酷くロシア専門家が語るコメントが、ロシアのマスメディアと政府が流すプロパガンダそのものであることも多々あった。

そんななか、5月には政府与党の一翼を担う公明党の政務調査会外交安全保障部会に招かれた。東ウクライナ情勢が緊迫するなか、ドネツクを定期的に訪問してきた著者の知見を披歴して欲しいとの要望だった。そこには部会長の上田勇衆院議員、副部会長の石川博崇参院議員始め10人あまりの議員が出席していたが、質問が非常に的確であり、政界ではロシア研究者以上に正しい理解をしている者がいることに驚かされた。

最高会議での講演（ウクライナ議会チャンネルから）

９月にウクライナを訪問した際は、ウクライナ最高会議で議員向けに著者の講演会が開かれた。２０１０年に最高会議国家建設・地方自治委員会で開かれたフォーラムで報告者の一人として話したことはあったが、日本の一研究者に過ぎない著者に最高会議から講演依頼がある時点で尋常ではない。演目は参加議員側からリクエストがあり、日米同盟について話して欲しいとのことであった。以前とは違い、ロシア語ではなくなるべくウクライナ語で講演をしてくれとも言われた。ロシア語話者である著者にとって、慣れないウクライナ語での講演と質疑応答は四苦八苦であったが、これもマイダン革命の結果と感じた。

12月に鳩山由紀夫元首相が著者のゼミで講演した際、一水会のアレンジでクリミアに行くと聞かされたが、特に異論は挟まなかった。ロシアのプロパガンダに利用されるとは思ったが、自分の目で確かめたいという姿勢には偽りがないと感じたからだ。翌年３月、クリミア訪問中に述べた感想には、うなずけないことも多かったが、実際に現地の声を聞くという姿勢は評価されてもよいかもしれないと感じた。

ウクライナを支持する「活動家」

２０１４年10月のウクライナ最高会議選挙では、ウクライナ中央選挙委員会より公式オブザーバーに任命された。現地ではなく、東京の駐日ウクライナ大使館における在外投票の選挙監視が与えられた任務であった。この頃からウクライナ大使館と仕事をする機会が増えた。２０１５年２月にはイホール・ハルチェンコ駐日ウクライナ大使と参議院議員会館講堂で共同講演することになった。２０１５年３月、ウク

駐日ウクライナ大使館の前で在外投票の状況についてウクライナのテレビ局から生放送でインタビューを受ける

ハルチェンコ大使（右）と（参議院議員会館講堂）

パウロ・クリムキン外相（左）と

ライナのパウロ・クリムキン外務大臣が訪日することとなった。前日午後、急にウクライナ大使館から連絡があり、明日の朝一番で、ニューオータニホテルで待機してほしいと言われた。そして、ウクライナの民族衣装ヴィシヴァンカを必ず着てきてほしいと言われた。クリムキン外相は2泊3日の訪問予定であったが、停戦交渉などが長引き1泊2日に変更となった。後で大使館から聞いたところでは、個別会談したのは、日ウ友好議員連盟会長として会員議員を率いて会談した森英介元法相を除くと、安倍総理、岸田外相、宮沢経産相、そして著者だけだったそうである。翌日ウクライナ外務省のtwitterの投稿には以下のような記述があった。「パウロ・クリムキンは、日本においてウクライナを支援する活動家・岡部芳彦と興味深い会談を行った」。掲載されたヴィシヴァンカ姿の著者の写真はウクライナ文化を敬愛する外国人といった体で、それを着るようにとの大使館からのリクエストの意味が分かった。著者がウクライナ研究者ではなく、ウクライナを支持する「活動家」となった瞬間であった。自分ではそのつもりはあまりなかったが、それ以後、そう見られることが増えた。

2月の政変以降、ロシアの外交官の言動は支離滅裂であった。明らかにパニック状態を起こしており、本国政府から赴任国向けに説明するように言われている内容を公式な場で述べるものの意味不明で、彼らの頭のなかで整理・理解できていない様子であった。ただ、終始一貫していたのはマイダン革命が「非合法のクーデター」だと主張していたことである。この説明でいくと、正統で合法的な大統領はヤヌコーヴィチであり、現在の政権は「米国主導で正統な政権を崩壊させようとする違法なクーデター」によりできたことになる。ただ、クリミア併合後、戦後の世界秩序を一切無視した行為をロシアが行うと、この主張も次第に鳴りを潜めることとなった。

ヴィシヴァンカを着る写真がウクライナ外務省のウェブサイトに掲載され「活動家」とされた著者は、しばらくの間、彼らからペルソン・ノン・グラータ扱いをされることもあったが、堂々とロシア大使館や総領事館でのレセプションに出席し続けた。自分としては、反ロシア活動をしているわけでもないし、なにより２０１４年以前、ウクライナとロシアは非常に仲が良かった。戦前、日本で暗躍したスパイであるリヒャルト・ゾルゲの命日にロシア大使とウクライナ大使は一緒に墓参りをしていたほどである。再び仲良くなる日は来ないだろうか、何か自分にできないだろうか、そんな淡い思いを込めて行事に参加し続けた。

麻生副総理（中央）と「萌え国旗」を手にするゼミ生

そんななか、著者のゼミ生が提案した日露の学生がアニメやマンガについてモスクワ大学で語り合う企画「日露アニメ・オタク文化学生サミット」が、日ロ両国政府間協定に基づく日露青年交流事業に採用された。ロシアの外交官たちの態度が和らぐのは、訪ロする学生とともに著者が麻生太郎副総理を表敬訪問し、萌えキャラに擬人化されたロシア国旗をともに手にした写真が「ロシスカヤ・ガゼータ（ロシア政府新聞）」に掲載されるまで待たなければならなかった。

11章　ウクライナは「忘れられた国」になるのか

パリのテロの黒幕はプーチン

「パリのテロの黒幕はだれか知ってるか?」。親友でウクライナ海軍初代司令官を務めたコージン提督が車のなかで聞いてきた。「IS? アルカイダ?」と答えると、「違う、違う、プーチンだ」。

ウクライナ人のプーチン嫌いもついにここまで来たかと苦笑いすると、真顔で「自分はソ連海軍の少将で海軍歩兵部隊も指揮したことがある。ヤツラの手口は知っている」と上気して反論された。彼によれば、ソ連時代、KGBは西側に対抗するために、「自由の戦士」と称して各国のテロリストを集めて、北朝鮮など衛星国に訓練キャンプを作った。KGB出身のプーチン大統領はその手法を覚えていて、再び国策としているというものだった。ISの訓練も資金もロシアが提供しているという。陰謀論だと分かっているものの、ソ連軍将官だった彼に言われると、あながち否定もできない。

ウクライナ国立農業科学アカデミー・アグロエコロジー環境マネジメント研究所にて

日本ではウクライナ危機後、多くの論者によって、様々な視点から論評が行われたが、国際政治の視点など大局的なものが多く、実際現地の政治エリートとの交流を通じた直接の声を伝えるものは管見の限りほとんどなかった。2015年11月下旬、勤務校が学術協定を結ぶウクライナ国立農業科学アカデミーとエコロジー・自然資源省共催の国際会議で基調報告をするため1週間ほどキエフに滞在したが、その間に軍高官、外務省幹部、最高会議議員、ウクライナ正教会の最高指導者フィラレート総主教に会い、話を聞くことができた。そこから感じたのは、ロシアから離れる意思、ヨーロッパ人になりたいという希望、ロシアと対等との立場での交渉再開、マイダン政変の再評価という微妙に異なる４つのベクトルである。本章では、ウクライナの政治・外交・軍の上層部へのインタビューから現地の雰囲気を伝えるとともに、シリア情勢などに世界の目が移り、「忘れられた国」になりつつあるウクライナについて再考し、本書の結びとしたい。

国際手配されなかった「戦争犯罪人」

２０１４年10月、ロシア連邦取調委員会が東ウクライナにおけるジェノサイド（大量虐殺）の罪で、ウクライナ軍参謀総長ヴィクトル・ムジェンコ上級大将を含むウクライナ軍幹部を告発したが、インターポールは全く相手にしなかった。それを耳にしてから一度会って話を聞いてみたいと思っていた。

ムジェンコ参謀総長（右）と（国防省参謀本部内）

キエフに到着する２日前の11月16日、ルーハンシク州などで７日に散発的な戦闘があり、兵士15人が戦死したことがＡＴＯ（対テロ作戦）プレスセンターから発表された。その影響もあり急な予定変更があったが、最終的にウクライナ国防省内の参謀総長室でムジェンコ将軍に会い、話を聞くことができた。

テレビなどで見た限りかなり強面の印象だったが、実際話してみると非常に物腰の柔らかい、軍人ぽくない人物であった。ウクライナ側から情報発信していくことに熱心な印象を受け、著者と面会したのもその一環のようであった。

米国・NATOとの軍事協力の見通しについては、非常にポジティブであり、以前にもまして深化し、共同訓練などもこれから頻繁に行う予定があるとのことであった。ムジェンコ将軍のところにもNATOから毎週のように、国防相、参謀総長だけではなく、事務レベルの使節が訪問してきており、細かいレベルでの積み上げ・すり合わせが進んでいるそうだ。結果として、ウクライナ国外での軍事演習に参加することを希望しており、これについてはポジティブな回答を得ているようだ。

ウクライナのNATO加盟の見通しについて聞いてみると、今すぐにとは思っていないと答えた。政治的なプロセスについてはコメントする立場にないが、EUとNATOの異なったタイムラインでの加盟もありうるので、両にらみでどちらが先にできそうかと常に考えている、とのことであった。

他に、ロシアが東ウクライナにいくらぐらいの戦費を使っていると思うか尋ねると、笑いながら「私があなたに聞きたいぐらい」と答えた。「敵」の戦費を計算していないのはいささか不自然に思えたが、分からないことは正直に分からないと答える態度を見ていると冷静に状況を判断していることが伝わってきて、ロシアが言う「戦争犯罪人」には見えなかった。また、圧倒的に有利な状況にもかかわらず、政治的解決を待つ姿勢からは、2014年8月に親ロシア武装勢力によってイロヴァイシクで包囲された上、大敗を喫する直前のイケイケドンドンの姿勢と異なり余裕すら感じた。

マイダン狙撃で告発された元副首相

2014年2月22日、正体不明とされるスナイパーが、独立広場（マイダン）のデモ隊を銃撃した。この犯人を巡っては未解決である。そんななかの2015年10月12日、政変後の暫定政権の副首相だったオレクサンドル・シチら3人の元最高会議議員が家宅捜索を受け、最高検察庁より出頭を命じられる騒動が起こった。彼が所属し、政変の一翼を担った極右政党スヴォボーダ（自由）の３人の議員が借りていたマイダンそばのホテル・ウクライナの一室から狙撃があったという。このストーリーでいくと、マイダンの政変はスヴォボーダの自作自演ということになる。

８章で紹介したとおり、政治の世界に入る前のシチはウクライナのボーイスカウト運動史を研究する大学教員であった。家宅捜索後、心配になり彼にすぐ連絡したところ、すでに検察局での尋問は問題なく終了し訴追されることはないとの返事であった。彼の意見では、これではヤヌコーヴィチ時代やそれ以前とは何も変わっておらず、トップのクビが変わるだけで、権力者の意向ですべてが決まるこの国のシステムが変わることは全くない。検察局の捜査はマイダンの殺人（スナイパー）は国内犯だというのが現在の見解だ。ただこれは政府の意向に沿っているだけで、実はＣБУ（ウクライナ公安庁）はロシアがスナイパーを派遣した事実を知っている。しかし、ヤヌコーヴィチの命令を受けた自分たちＣБＵも少し関与しているのでなかなか主張できない。そんななかでスヴォボーダの３人が尋問されたとのことであった。

もちろん彼個人やスヴォボーダ側の見解なので額面通り受け止めることはできない。しかし、結局、シチは訴追されることはなかった。実は政変の日からウクライナのテレビ各局は、黒ずくめの特殊部隊装備で完全武装の正規部隊にしか見えない隊員がデモ隊を狙撃する映像を繰り返し放映していた。にもかかわらず、政変後、日本では「マイダン政権は、アメリカの資金援助を受けた右派セクターやスヴォボーダが引き起こし、彼らが主導する政権。マイダンの騒乱やスナイパーも彼らの自作自演」といったロシア政府のプロパガンダを１００パーセント鵜呑みにした論調が多くみられた。ロシアのニュースか、よくてロシア人研究者や政府関係者からの情報のみをソースとする彼らの頭のなかでは、まだロシア政府とマスコミが作り上げた陰謀論がぐるぐると回っているのだろうか。それとも少しは反省しているのだろうか。

人材不足だが、希望の芽はある

ウクライナを代表するオリガルヒ（寡頭資本家）ヴィクトル・ピンチュクがメセナ活動の一環で開館し「中東欧で最大」と謳う現代アートセンターから歩いて10分ほどのシアトルスタイルカフェで、大統領与党であるポロシェンコ・ブロック所属のイヴァナ・クリムプシュ・チンツァゼ最高会議議員と会った。

今まで多くの最高会議議員と会ってきたが、著者がロシア語が話せると分かるとロシア語での対話となる。相手から英語で話しかけられ、英語で議論しましょうと言われたのは初めてである。しかもネイティブスピーカーレベルにうまいアメリカ英語を話す。

イヴァナは、議員になる前、ピンチュクがスポンサーの、ウクライナ版ダボス会議ともいうべきヤルタ・欧州戦略会議（YES会議）の事務局長を務めていた。この会議は以前はクリミア半島のヤルタで開催されていたが、2014年からはキエフに会場を移して継続されている。2004年に始まり、ウクライナの現職大統領、首相をはじめ、過去にはブレア元英国首相やクリントン元米国大統領などが参加し、15年は歌手のエルトン・ジョンが基調講演を行った。冒頭、彼女から、「あなたのことは前から知っており、一度話してみたいと思っていた。昨年、YES会議に日本の学者を初めて招いたが、人選を任せていたところ著名な学者が中心で、あなたがリストに入っていなかったので非常に残念に思っていた」と言われた。一方、ロシアや国際政治を専門とする高名な日本人学者を招くことができたのは、クリミアならびにウクライナの現状を知ってもらうためよかったとのことであった。

イヴァナ・クリムプシュ・チンツァゼ最高会議議員（左）と

今まで最高会議議員と会う際は、毎回議会委員会ビル内のオフィスや、議事堂内の会議室で面会した。それについてイヴァナは、次のように話した。

「今日もそうだが、私はカフェで気軽に要人と会うようなスタイルを好む。アメリカの大統領もバーガーショップで各国首脳をもてなすことがある。ウクライナの古いタイプの政治家は、権威を好み、大げさに執務室などで面会し、力を誇示しようとする。そういった人間に限って、外国では全く通用しない。ヤヌコーヴィチ政権では特にそれが酷かった。マイダンのきっかけも、その交渉力のなさと人材不足と自分は考えている。欧州議会を訪問するたびに感じたのはこのような政治風土は西側ではウクライナだけだ。その意識の違いは大きい。自分の権威を誇示するのではなく、外国語でディスカッションできて、対等に意見を言い合える国際的な人材が政界にどんどん出れば、この国は大きく変わる」

以前と変わらぬ独立広場

確かに、今回の第８回最高会議で選出された議員の多くは、以前とは全く異なる。マイダンの結果、政治勢力が大きく入れ替わり、約７割が新人議員である。一方、ヒューマンリソースが不足しているのも事実で、そんななかで、彼女たちは欧州議会やＥＵとの交渉を行わなければならない。これまでＹＥＳ会議などで培った経験や人脈を駆使して欧州議会との交渉を行っているだろうが、なかなか進まない。一見理想主義だが、互いの利害をぶつけ合い調整しなければならないＥＵ政界でも通じる有能な人材の育成が、ウクライナが国際舞台で活動するための次の課題だ。

翌日の晩は、オレクセイ・リャブチン最高会議議員と会った。場所はやはり独立広場近くのカジュアルなクリミアタタールレストランである。議員訪問団の一員として訪英し帰国したばかりだった。リャブチンの前職はドネツク国立大学教授、ウクライナで准博士号を取得、英国サセックス大学科学技術政策研

オレクセイ・リャブチン最高会議議員（右）と(卓上はクリミア・タタールの旗とウクライナ国旗)

究科イノベーション専攻で修士号を得ている。イヴァナと話しているときはワシントンＤＣのカフェで米国政界関係者と話しているかと錯覚したが、彼と話しているとイギリス人と間違えるほどイギリス英語がうまかった。今回のイギリス訪問では欧州復興開発銀行（ＥＢＲＤ）への訪問が一番興味深かったそうである。

まず、こちらから質問をしてみた。

「そもそもウクライナ危機のきっかけは、ＥＵがウクライナとの連合協定においてヤヌコーヴィチ政権に見せた冷たい態度と考えている。危機後は手厚く支援してきたが、いままた元のようにウクライナへの興味が薄れてきているようには感じないか？」

彼曰く、「そうは思わない。ＥＢＲＤもウクライナへの最大の投資を行っている。この国には問題が多いが、それさえ解決すれば非常にポテンシャルが高いことはＥＵの財界は分かっている。特に製造業への期待は高い。高い技術、スキルがあり、安価な労働力も提供できる。なので制度さえ整えばさらなる投資を呼び込めると思っている。そのための規制緩和・法改正に向けて、今取り組んでいる」との答えだった。

彼がイギリスで学んでいたとき、多くの韓国人留学生が机を並べていた。日本ほどではないにしても、世界的に経済大国となった韓国だが、彼らの話を聞いて財閥と独裁者の存在が特徴だと考えた。

「特に朴正熙大統領が素晴らしい。クレバーな独裁者の存在はいいと思う。例えば、サーカシビリだ。ジョージアの独裁者だが、頭がよかったので彼の政権下では、経済、軍事、警察の大改革が進んだ。ウクライナと韓国には類似性を感じる。韓国は財閥と独裁者、ウクライナはオリガルヒと独裁者だ。ただ大きな違いはウクライナの独裁者が賢くなく、私腹を肥やすことばかり考えてきたことだ。国を想う賢い独裁者がウクライナには必要だ」

リャブチンの所属政党は「祖国（バチキフシナ）」だ。党首のユリヤ・ティモシェンコは、古いタイプの政治家とも感じるがと聞いてみると、彼女自身も投獄とマイダンを経て大きく変わったという。自身がい い例で、以前であれば自分のような人間が最高会議選挙の比例リストに掲載されることはなかった。

「これはマイダンのベネフィットだ」とリャブチンは言う。「自分の党だけではない。他の党にも若く、頭が切れて、英語も話せて国際的に通用するプロフェッショナルな若い議員が育ってきている。今は『海のなかの島』のようにぽつぽつ離れているが、それが一つの力になれば、この国は変わる。最高会議では前のほうのシートにはベテラン議員が座り自分たちは後方の席だ。ただ我々が前に行けば、この国は内政だけではなく国際的な地位も大きく変わるだろう」と目を輝かせて言った。

「その時を楽しみにしている」と著者が言うと、「あなたもいいキャリアを積んでウクライナに戻ってきてくれ。歳も近いのでいい関係が気づけるはずだ」と言われた。そんな彼の表情を見ていると、この国の未来に少し希望が持てた気がした。

ロシアとはいつでも対話を再開できるが……

11月19日、キエフの中心にある外交アカデミーでは、ウクライナ外務省の肝入りでOBを中心に新設されたロシア問題研究所主催で「環大西洋安全保障システムの変革」と題したフォーラムが開かれていた。在キエフの各国外交官が多数参加しており、日本大使館からのゲストも来ていた。フォーラムの最後で、著者もコメントを求められ、領土問題、ロシアとの関係のアナロジーから日ウ両国が互いの経験や知恵を交換し助け合えるのではないかと述べた。特に「あなたたちは20年少ししかロシアと交渉経験がないが、日本は70年近く領土交渉を継続しており経験豊富だ」と壇上で言うとどよめきが起こった。

　前日、キエフに到着してその足で、外交アカデミーの真隣の外務省に向かい、ドミトロ・クレバ無任所大使に会った。ウクライナ危機後、民間報道機関や政府機関などが自由に発言できる場として設置された「ウクライナ危機メディアセンター」における記者会見はできるかぎり見てきたが、その中でもクレバ大使は非常に印象的だった。文化広報政策も職務範囲であるので、何より服装が非常にお洒落《しゃれ》だった。

　外務省の彼のオフィスで1時間ほど話したが、まず、こちらから、ミンスクⅡ停戦合意に従った憲法改正（地方分権化）の実現性と、親露派が賛同する見込みはあるか、聞いてみた。彼の答えは「親ロシア勢力が欧州安全保障協力機構（ＯＳＣＥ）のモニタリングを受け入れ、正当な監視ができる状態になるのなら、地方政府のオーソリティーを認めることにウクライナ政府は何も異論はない。ただし、これはドンバスの特別な地位を完全に認めるということではない。憲法改正で二者択一にするのではなくて、ドンバスを含めた幅広い学者などが集まってまずは仕組みについて議論する必要がある」とのことである。また、地方分権化については、日本などどの国でも行っている形で行うのがよく、ウクライナだけ地方に特別な政権ができるようなやり方はおかしいとも強調していた。

外交アカデミーで発言する著者

　次に「ウクライナがＮＡＴＯまたはＥＵに加盟する見通しと、具体的な動向、ならびに加盟に対するウクライナ国民の希望や世論の動向」について聞いてみた。答えは「ＮＡＴＯならびにＥＵのメンバーシップは、非常にリアリティーがあると考えている。ただ、異なったタイムラインで考える問題でもある。まず第一にUnprecedented

（前例のない）なことであるのでEU、ウクライナ双方にとって議論が必要だろう。第二に、ウクライナ側が改革に同意できるかにかかっている。個人的には改革は進んでいると考えている」と明快に答えた。

翌日、外交アカデミーのフォーラムを途中で抜けて、ペトロ・ベシュタ・ウクライナ外務省政治局副局長と面会した。これは駐日ウクライナ大使館からのアレンジで、ウクライナ側の公式な見解ということになる。ベシュタ副局長が、冒頭で、ロシアとの対話の用意はいつでもあると述べたのに少し意外に感じた。続けて「ドンバスについてだが、脱中央集権化の過程と捉えるべきだ。集権・分権というのは国家の永遠のテーマである。EUは逆に集権化させた事例である。ウクライナはEUに入るという一種の集権化の過程を希望しつつ、ドンバスの分権化という正反対の政策を同時に進めており難しいのは当然である」と述べた。彼によれば、ウクライナ内には24州とクリミア自治共和国があるが、ドンバス2州はウクライナ総面積の約9％、そのうちの親ロシア武装勢力の支配地域は3分の1程度に過ぎない。お互いにウィン・ウィンの関係を築き、透明性が非常に高い、合法的指導者が選ばれる必要がある。言語の問題も存在しない。ロシア語で話すのは自由だ、とも述べた。また、解決策として、大学の研究者などが集まって議論を行い、理念やロードマップを決め、その後に実施される正当性が高い選挙を通じて指導者が選ばれるべきだ、とし、指導者の理想像として、大学の教員などがいいだろうとのことであった。

最近、ロシア航空会社のウクライナ領空飛行禁止に始まり、一見ロシアと絶交するような極端な施策を行うウクライナ政府だが、ベシュタは、最後に「ドンバス問題解決はロシアに対しても経済的・政治的にポジティブな影響がある。何度も言うようだが、ロシア軍やロシアの民兵さえ撤退すれ

クレバ無任所大使（左）と（ウクライナ外務省内）

ば、いつでも対話を開始できる」と再度述べた。クレバ大使も似たようなことを言っており、少なくともウクライナ外務省の立場は、ロシアとの対話再開の準備はできている。完全撤兵できるか、ボールはロシア側にあると考えているようであった。そこからは、表で起こっている極端な事例だけではない、ウクライナ政府の本音、つまりロシアとの対話を模索する柔軟な立ち位置が見て取れた。

改革の継続がウクライナの未来を開く

世界、いや人は忘れっぽく、ときに薄情である。パリでテロ事件が起き、シリアでトルコ軍によるロシア軍機撃墜事件などが起きるとそこに目が釘付けとなり、その直前の大事件ですら忘れられてしまうことすらある。今、ウクライナでは、大きく空気が変わった。それはマイダン政変に関する評価である。ちょうど著者が滞在中の11月21日はユーロマイダンが始まった日であり、独立広場では追悼コンサートが開かれていた。ただ英雄を称えるよりも、悲劇的な死を悼む空気が漂っていた。マイダンの英雄性を強調するような展示は全くなく、東ウクライナで戦った兵士たちへの称賛とその犠牲的精神に感謝する空気に取って代わられていた。

ウクライナはいい意味でも悪い意味でも継続性があまり見られない国である。日本では世襲議員批判があるが、ウクライナ最高会議では毎回7割近い議員が入れ替わり、再選は容易ではない。政界の新陳代謝はよいが、一方で、新人議員ばかりの議会はいつも不安定で、現在のヤツェニューク首相を支える所属政党にいたっては支持率1％台である。政治的継続性がないにもかかわらず、今までは汚職体質や政治的腐敗といった負のシステムのみが引き継がれてきた。

いや、継続性がないのは世界も同じかもしれない。２００４年のオレンジ革命が世界的事件であったにもかかわらず、その後継続的支援を行わなかった。まるでソ連軍が撤退したあとのアフガニスタンのように急に無関心となった。今回のウクライナ危機の原因も、もともとは2013年11月の連合協定に対するEUの冷たい態度だった。EUから十分な支援を受けられない、あるいは自分の私腹が肥やせないと判断したヤヌコーヴィチは、ロシアを選んだ。ロシアによるクリミアの併合という世界秩序を脅かす、そして自分たちが築いた秩序が危うくなる事件がなければ、世界はこれほどウクライナを助けただろうか。

昨年は日本とウクライナの関係については大きな進展があった。まず、安倍総理が日本の総理大臣として初めてウクライナを訪問したことである。続いて、森英介元法相はじめ盛山正仁、泉健太、遠山清彦衆議院議員の4人で構成された超党派の日ウ友好議員連盟の訪問団もキエフを訪れた。その他にも副大臣や政務官の訪問も相次いでいる。

福島原発事故に関連して自治体関係者の訪問もしばしば行われてきた。昨年11月27日には角茂樹駐ウクライナ日本大使がウクライナ危機メディアセンターで、日ウ投資協定はウクライナへの新規投資の流入に弾みになるとも述べた。特に政界関係者には、注目を集める地域の訪問といった一過性にせず、交流を継続して、両国間のパイプを太くすることを切にお願いしたい。

世界が、ウクライナを「忘れられた国」にせず、関心を継続することができるか、かつてのアフガニスタンのように放置しないか、過去の歴史や教訓に学び、時に効果がないと分かっていながらも、忍耐強く物心両面の支援をし続けられるかが、ウクライナ問題解決のカギである。それを世界に継続させることができるかどうかは、何よりウクライナ人の継続性にかかっている。継続が最も苦手なウクライナが、政治・経済における改革を引き続き断行し続けることによってのみ、この国の未来は開ける。

あとがき

古代ギリシアの歴史家ヘロドトスはその著書『歴史』を「やがて世の人に知られなくなるのを恐れて」書いたという。8年にわたり、ウクライナという国と付き合ってきた経験を自分も含め忘れられないように書き留めておこうと思い立ったのが本書執筆の動機である。

ブックレットの性格上、語り残したことは多い。表題の『マイダン革命はなぜ起こったか』に合ったエピソードを主に取り上げたため、そこで暮らす普通の市井の人々との出会いについては、あまり書かなかった。農民文化であるウクライナに住む人々の、のどかで牧歌的なもてなしには心温まることが多かった。母が来ているからと自宅で自慢のカルパチア料理をご馳走してくれたアルシェフスキ夫妻。リヴィウ市内から2時間ほどの人里離れた場所で昔ながらのコサックの暮らしを続け、自家醸造の強烈なウオツカ（サマゴン）を飲み交わしたイヴァン。必ずコニャックで乾杯し熱いお茶で酔いを冷ました後にコンサートに招き入れてくれたウクライナ国立交響楽団のルカシェフ総監督。一度はドネツクから避難したものの飼い猫を助けるためだけに町に戻ったタチヤナなどなど……。数多くの出会いがあったが、残念なことに東ウクライナの友人の何人かは連絡すらつかなくなってしまった。1月27日、2章で紹介したドネツクの日本研究所「アマテラス・センター」所長であった宗教学者イホール・コズロフスキが、突然ドネツク人民共和国当局に拘束され行方不明である。このあとがきも彼の安否を気遣いながら書いている。

ある日、そんな思いを口にしたとき、ウクライナ政府関係者の一人から「歴史の大きな流れのなかで、今、ウクライナ危機が起こっている。個人的な感傷に浸るのではなく、大局を見るべきだ」と言われた。確かにその通りなのかもしれない。今起こっていることを客観視できない著者は、研究者としては失格である。また、本書には自分が見たこと、聞いたことしか書いていない。その意味では大局とはかけ離れた代物であろう。一方で、著者が出会った人々は、普通の市民から政府の中枢にいる者までが含まれる。その彼らとの交流・交友を通じて、個人的に感じたことをまとめることで、本書を読んだ人がウクライナ危機やウクライナの国そのものを考える際の何かのヒントになるのではないかと思っている。大局を捉える歴史学や政治学ではなく、外国人から見た現代ウクライナの社会史といってもいいのかもしれない。

本書を書くにあたっては、多くの人から助言・助力をいただいた。まず、本書に登場するウクライナ政府高官をはじめとする同国の人々に感謝したい。また、著者が2012年から末席の会員であり、日本唯一のウクライナを専門とする学会ウクライナ研究会の末澤恵美会長、原田義也副会長をはじめとするメンバーには、多くを学ばせていただき、刺激を受けた。ウクライナ危機以後、第26回西日本ロシア東欧研究者集会（於：西南学院大学）ならびにウクライナ研究会第31回定例研究懇談会（於：早稲田大学）に報告者として招待を受けた。今後も、未熟な著者を引き続きご指導いただきたい。

勤務先の神戸学院大学経済学部の中村亨学部長にもお礼申し上げたい。2014年9月4日、1度目のミンスク合意の前日に、ウクライナ国立農業科学アカデミー・アグロエコロジー・環境マネジメント研究所との学術協定締結のため、ともにウクライナに渡った。また、学部教員にはこの協定への理解と賛同をいただいた。この場を借りて感謝の意を表したい。

外務省所管の日露青年交流事業に採択された「日露アニメ・オタク文化学生サミット」を企画した著者のゼミ生にも感謝しなければならない。ウクライナ危機以後、一時はロシア側から「お尋ね者」扱いだった著者を、ふたたびモスクワに連れ出してくれた。企画提案した横岡杏奈リーダー、久保香織副リーダー、訪ロ団の宇山綾乃、澤田晃希、住本咲妃、土岐文哉、仁野佳祐、長谷川千明、東勇希、藤岡敦の10人に感謝するとともに、彼らにはロシアでの経験を今後の人生に生かしてもらいたい。この企画の実施を支援していただいた日露青年交流センターの渡邉修介事務局長ならびに清水美加氏にもお礼申し上げたい。

言うまでもないが、ロシアは日本の隣国であり、好むと好まざるとにかかわらず、隣人として良い付き合いを続ける必要がある。ロシア・ウクライナ間の厳しい情勢のなか、手助けしてくれたロシアの外交官も大勢いた。彼らには、以前と変わらぬ友情を続けてくれたことに心から感謝している。

本書の出版を企画したドニエプル出版の小野元裕社長には、このような機会をいただいたことに、お礼申し上げたい。

最後に、家族にも一言言わせていただきたい。妻有紀は、第1回日本ウクライナ地域経済・文化フォーラムの日本文化の日で、一人で舞台に立ち、日本とウクライナの友好に努めた。普通であれば、ウクライナ危機のニュースは日常の新聞やテレビの話題に過ぎないが、妻にとってはいつも身近な話題であり、そこで出会った友人を常に心配していた。一時は余計なことに巻き込んだ気がして申し訳なかったが、今では、在日ウクライナ人コミュニティー主催で東京で行われる「ヴィシヴァンカのパレード」に娘眞子と息子礼慈を伴い、ヴィシヴァンカを着て参加している。眞子は車の中でウクライナの歌を口ずさみ、ヴィシヴァンカを着てウクライナ大使館主催の独立記念日のレセプションのために東京まで日帰りで行くほどのウクライナファンである。その日、眞子がウクライナ大使の前で叫んだ次の言葉を記して、さらなる日本とウクライナの友好が続くことを願って本書を締めくくりたい。

「Слава《スラーヴァ》 Україні《ウクライーニ》！（ウクライナに栄光あれ！）」

２０１６年1月

第2版あとがき

マイダン革命が起こってから5年が経とうとしている。本書執筆後にも、ペトロ・ポロシェンコ大統領やアンドリー・パルビー最高会議議長をはじめ官民問わず、さまざまな出会いがあった。

２０１７年12月27日、ウクライナ政府と「ドネツク人民共和国」の間で捕虜交換が成立し、本書にも登場する親友で宗教学者のイホール・コズロフスキが晴れて自由の身となった。２０１８年6月、見た目は以前と変わらぬ彼とキーウで再会したが、拘束中に受けた拷問が彼の心に与えた傷は感じざるにはいられなかった。

同6月、著者は日本で唯一ウクライナを専門に研究し、国際ウクライナ学会日本支部でもあるウクライナ研究会の会長に選出された。来日した同学会長のミハエル・モーザー・ウィーン大学教授と面会し、今後のウクライナ研究の深化や協力について話し合った。

最近、日本のメディアに「ウクライナ」の5文字が登場することはめっきり減った。2014年の政変前後は目にしない日のほうが珍しかった。ただ日本で報道がないだけで、現地ではクリミア併合やドンバス問題は解決の糸口さえ見えない状態である。

2019年、ウクライナでは新しい大統領と第9回議会が選出された。マイダン革命後の路線は、親EU・NATOということを除き、ほとんど継承されていない。8割近くが新人議員で、まったく新しい政治勢力による国の舵取りが始まろうとしている。

本書の最後にも述べたとおり、ウクライナは「継続」が苦手な国である。一方、いつも新しく、多様な顔を見せてくれる。世間では忘却されようとも、その新しい顔を捉え続け、これからも日本でウクライナの魅力を伝えていきたい。今、我々日本人にもウクライナをさらに深く知るための継続性が試されているのである。

2019年8月末

ウクライナ・ブックレット刊行に際して

ロシア発祥の地、ウクライナ。まさにスラブの母というべき存在。その首都・キエフはまさにスラブのヘソである。日本でロシア文化と思われているものの中には、ウクライナのものが多い。身近なところで言えば、料理。ボルシチはロシア料理として日本で知られているが、実はウクライナ料理。日本の家庭でよく作られているロールキャベツ。これもウクライナ料理である。

ロシア文学として日本で紹介されているゴーゴリもウクライナ出身であり、ウクライナ文化を知らないとその内容を充分理解したとは言えない。

このように、ウクライナはスラブの母的存在であるものの、日本では一般にロシアとごっちゃになっている。それどころか、ロシアの中の一部として捉えられている。これはまだよい方で、ウクライナという国さえ知らない人が日本には多い。

翻ってウクライナに目をやると、日本や日本語に興味を持っている人、憧れている人、勉強・研究している人……とその数のなんと多いことか。

このギャップを埋めるために、ウクライナ・ブックレットは刊行される運びとなった。一人でも多くの人にウクライナを知っていただきたい。その一念である。

日本ウクライナ文化交流協会

【著者略歴】

岡部芳彦（おかべ・よしひこ）

1973年兵庫県生まれ
神戸学院大学経済学部教授、博士（経済学）
ウクライナ大統領附属国家行政アカデミー名誉教授
ウクライナ研究会会長

主な受賞歴：ウクライナ最高会議章、ウクライナ国立農業科学アカデミー名誉章、名誉博士（ウクライナ国立農業科学アカデミー・アグロエコロジー環境マネジメント研究所第68号）

主要著書・論文：『ウクライナを知るための65章』（共著、明石書店、2018年）、「満洲における『ウクライナ運動』―忘却された日本-ウクライナ関係史―」（『アリーナ』2017年）、「ウクライナ政治エリートの実像―ヤヌコーヴィチ、マイダン、ポロシェンコ政権―」（『ロシア・ユーラシアの経済と社会』2016年）

ウクライナ・ブックレット3

マイダン革命はなぜ起こったか
―ロシアとＥＵのはざまで―

発行日	2016年3月24日初版ⓒ 2022年12月25日第2版2刷
著者	岡部　芳彦
企画・編集	日本ウクライナ文化交流協会
発行者	小野　元裕
発行所	株式会社ドニエプル出版 〒581-0013 大阪府八尾市山本町南6-2-29 TEL072-926-5134　FAX072-921-6893
発売所	株式会社新風書房 〒543-0021 大阪市天王寺区東高津町5-17 TEL06-6768-4600　FAX06-6768-4354
印刷・製本	株式会社新聞印刷

ISBN978-4-88269-885-2